Sheila Walsh

Meine 5 Minuten mit Gott

INSPIRIERT
DURCH
DEN TAG

AUS DEM AMERIKANISCHEN VON MARKUS BAUM

BRUNNEN
Verlag GmbH · Giessen

Sheila Walsh, geboren in Schottland, ist eine echte Multitaskerin: Die bekannte Musikerin ist Fernsehmoderatorin, gefragte Rednerin und erfolgreiche Autorin (ca. 4 Mio. verkaufte Bücher), engagierte Ehefrau, Mutter und gerne unterwegs mit ihren drei Hunden. Und stellt sich neuen Herausforderungen: Gerade hat sie selbst ihre theologische Masterarbeit geschrieben.

Von der Autorin ebenfalls im BRUNNEN Verlag erschienen und lieferbar:

Sheila Walsh, HINTER DEM LÄCHELN DIE TRÄNEN.
Eine wahre Geschichte.
„Geliebt bist du dort, wo du sein kannst, wie du bist."
4. Auflage 2018
ISBN: 978-3-7655-3852-0 / EAN: 9783765538520

*

Das Original erschien unter dem Titel
„5 Minutes with Jesus. Making Today Matter"
in Nashville, Tennessee, bei Thomas Nelson Inc.

MIX
Papier aus verantwortungsvollen Quellen
FSC® C014496

Aus dem Amerikanischen von Markus Baum
Lektorat: Petra Hahn-Lütjen

Umschlaggestaltung: Daniela Sprenger
Satz: DTP Brunnen
Herstellung: GGP Media GmbH, Pößneck
ISBN 978-3-7655-0695-6
www.brunnen-verlag.de

Einführung

Randvolle Tage und lebensverändernde Wahrheiten

Auch wenn ich nicht weiß, an welcher Station Ihrer Reise Sie gerade sind, eines ahne ich: Sie sind beschäftigt. Zwei Dutzend Dinge wollen erledigt werden, aber auch ein guter Tag hat nur Platz für maximal fünf davon. Ich kenne das gut. Ich weiß, wie das ist: Eilig aus dem Haus huschen, im Geist eine lange To-do-Liste durchgehen, den Becher Kaffee für unterwegs verstauen, hoffen, dass die Schuhe zum Rest der Garderobe passen und dass der Joghurtbecher in der Handtasche nicht explodiert. Stille Zeit? Andacht? Wie sollen wir das auch noch in unserem hektischen, übervollen Leben unterbringen?

Diese Herausforderung teile ich mit Ihnen. Wie passt Jesus in den alltäglichen Wahnsinn, wie kommt er in unser Leben? Wir finden doch offensichtlich für keine einzige weitere Aufgabe Zeit. Aber ich weiß auch, dass Gott einen eigenen Zeitbegriff hat.

Wenn wir ihm unsere Zeit überlassen, kann er innerhalb von fünf Minuten mehr in uns bewirken, als wenn wir uns fünf Stunden lang mit uns selbst beschäftigen.

Jesus ist seinen eigenen Worten zufolge gekommen, damit wir Leben im Überfluss haben – und ich bin sicher, er meinte eine andere Art von Überfluss, als die meisten von uns gegenwärtig erfahren.

Ich wünsche Ihnen und mir selbst, dass wir es lernen, fünf ruhige Minuten am Tag zu reservieren für Gott und dafür, dass er durch sein Wort zu uns spricht. Ich erhoffe mir, dass wir zusammen in der Bibel lesen und ihre lebensspendenden Aussagen in uns aufnehmen. Und ich bete darum, dass in diesen **kostbaren Momenten** ein Gespräch mit Jesus beginnt, das wir den Tag hindurch weiterführen – ein Gespräch, durch das Jesus uns ermutigen, leiten und stärken wird.

Mit der Zeit werden wir entdecken, dass diese ständige Verbindung zu Jesus tiefen Frieden bringt – ungeachtet der Turbulenzen des Alltags.

Es ist mein Herzenswunsch, dass Sie auf jeder der folgenden Seiten **Wahrheiten aus Gottes Wort entdecken, Kraft tanken und Zuspruch finden** – und erinnert werden, dass Sie nicht allein sind. Denn wer zu Jesus Christus gehört, lebt in guter Gesellschaft. Und ich bin neugierig, wie täglich fünf Minuten mit Jesus Ihr Leben verändern!

Akustische Umweltverschmutzung

Wenn Sie einen Moment innehalten und lauschen – was hören Sie? Vielleicht den Rasenmäher des Nachbarn – Hundegebell irgendwo in der Nachbarschaft – eine tickende Uhr – Autos auf der Durchgangsstraße.

Nun halten Sie einen Moment inne und horchen nach *innen*. Was beschäftigt Sie? Was hält Ihr Herz in Unruhe und verhindert, dass Sie inneren Frieden erleben? Das können unterschiedlichste Dinge sein. Wir alle sehnen uns zwar nach Frieden, aber die Wirklichkeit des Lebens sorgt für Aufregung:

Der Anruf vom Arzt.

Eine Rückmeldung vom Lehrer über das Verhalten eines Kindes.

Stress mit dem Arbeitgeber und ein Stapel offener Rechnungen.

Das alltägliche Leben fördert inneren Frieden üblicherweise nicht!

In den letzten Gesprächen, die Jesus mit seinen engsten Weggefährten geführt hat, sprach er über Frieden, freilich anders, als man es von ihm erwarten würde. Wenn ich lese, dass Jesus sagt: „Ich habe euch das alles gesagt, damit ihr in mir Frieden habt“ (Johannes 16,33; NG), dann drängt sich mir sofort die Frage auf: „*Was* alles?“ Und wenn ich dann nicht zurückblättere zu Johannes 15 und dort lese, was Jesus tatsächlich gesagt hat, dann reime ich mir die Voraussetzungen für diesen Frieden vermutlich in dieser Richtung zusammen:

„Ihr werdet ein hohes, glückliches Alter erreichen."

„Eure Kinder werden vernünftig werden und euch segnen – auch noch nach dem 15. Geburtstag."

„Ihr werdet stets genug Geld haben für alles, was ihr braucht, und für fast alles von dem, was ihr wollt."

„Ihr werdet nach einem frommen Leben von Gott ein lobendes ‚Gut gemacht!' hören."

Klingt nicht schlecht, oder? Nur ist leider keines dieser Dinge enthalten in der seltsamsten Friedensrede, die ich jemals gelesen habe. Wenn Sie Johannes 15 aufschlagen, was erfahren Sie da? Jesus erklärt seinen besten Freunden, dass sie verfolgt und dort, wo sie sich bisher aufgehalten, nicht mehr geduldet werden. In Johannes 16,2 findet sich die niederschmetternde Aussage: „Man wird euch aus den Synagogen ausschließen. Ja, es kommt eine Zeit, wo jeder, der euch tötet, meint, Gott damit einen Dienst zu erweisen."

Der Friede, von dem Jesus spricht, ist offensichtlich von ganz anderer Art, als wir es uns vorstellen können. Er hat seinen Jüngern – und damit auch Ihnen und mir – klargemacht: „Es wird ungemütlich werden hier auf der Erde, aber keine Sorge. Ich stehe euch bei. Ich lasse euch nicht im Stich. Und *ich* bin euer Friede."

Was auch immer gerade in Ihrem Leben vorgeht – Sie können einen Augenblick innehalten und seinen Namen laut aussprechen: „Jesus … Jesus … Jesus." Wissend, dass er *bei* Ihnen ist und dass er *für* Sie ist, auch wenn ringsum der Sturm tobt.

Friede ist nicht die Abwesenheit von Problemen, sondern die Gegenwart von Jesus Christus.

Die tägliche Ration Bibel

Ich lasse euch ein Geschenk zurück – meinen Frieden. Und der Friede, den ich schenke, ist nicht wie der Friede, den die Welt gibt. Deshalb sorgt euch nicht und habt keine Angst.

Johannes 14,27 (NL)

Alle, die deine Weisung lieben, empfangen Heil in Fülle; es trifft sie kein Unheil.

Psalm 119,165 (EÜ)

Dies alles habe ich euch gesagt, damit ihr durch mich Frieden habt. In der Welt habt ihr Angst, aber lasst euch nicht entmutigen: Ich habe die Welt besiegt.

Johannes 16,33 (HfA)

In Frieden kann ich mich nun hinlegen und schlafen. Denn du, Herr, gibst mir einen Ort, an dem ich unbehelligt und sicher wohnen kann.

Psalm 4,9 (NG)

Denn uns wurde ein Kind geboren, uns wurde ein Sohn geschenkt. Auf seinen Schultern ruht die Herrschaft. Er heißt: wunderbarer Ratgeber, starker Gott, ewiger Vater, Friedensfürst. Seine Herrschaft ist groß und der Frieden in seinem Reich wird endlos sein.

Jesaja 9,5f (NL)

Ehrlicher Umgang mit Gott

„Ich bin wütend!“ Das schleuderte sie mir entgegen.

Eine seltsame Art, eine Unterhaltung zu beginnen, aber ihre Gefühle schienen mit ihr durchzugehen.

Ich hatte gerade einen Vortrag beendet und signierte ein Buch für jemanden, als diese Frau sich dazwischendrängte. Ich bat sie, eine Sekunde zu warten, vollendete die Widmung im Buch und gab es dem nun sehr befremdeten Empfänger zurück.

„Lassen Sie uns ein paar Schritte gehen“, schlug ich meiner unglücklichen neuen Freundin vor. Als wir schließlich allein waren, fragte ich ruhig: „Was ist mit Ihnen geschehen?“

Eine halbe Sekunde lang fürchtete ich, sie würde mir eine scheuern, aber dann beobachtete ich, wie das Eis in ihren Augen schmolz und einem Ausdruck tiefen Schmerzes Platz machte. Sie fiel mir in die Arme, und Sturzbäche von Tränen rannen ihr übers Gesicht.

„Ich habe zwei Söhne begraben“, sagte sie, als sie wieder sprechen konnte. „Jedes Mal, wenn Sie von Ihrem Jungen erzählen, geht es mir wie ein Messer durchs Herz.“

Wir sprachen lange in jener Nacht. An einem Punkt fragte ich sie, ob sie ihre Wut bereits Gott gezeigt hätte. Die Vorstellung schien ihr Angst zu machen. „Ich kann doch so nicht mit Gott reden!“, sagte sie.

„Meinen Sie nicht, dass er längst Bescheid weiß?“, fragte ich. „Er kennt Sie – und er liebt Sie. Er weiß Bescheid – und er möchte, dass Sie ihm so fest vertrauen, dass Sie ihm die ganze Wahrheit sagen, auch über das, was Sie empfinden.“

Haben Sie das jemals gemacht? Waren Sie jemals allein mit Gott und haben ihm alles anvertraut – das Gute, das Schlechte, das abgründig Hässliche – *was auch immer* Sie denken und empfinden? Es wird Ihr Leben verändern. Sie können mir glauben, ich spreche aus eigener Erfahrung!

Freilich habe ich Jahre gebraucht, bis ich mich Gott geöffnet habe. Ich habe eine lange Zeit meines Lebens schamerfüllt verbracht, in dem Irrglauben gefangen, dass ich niemals gut genug für Gott oder irgendjemand sonst sein würde, ganz gleich, was ich versuchte. Diesem Irrtum verhaftet, habe ich mein Herz eingemauert, damit mich niemand verletzen kann. Die Mauer schützte tatsächlich, aber sie machte mich auch einsam. Eines Nachts, als ich in einer Klinik war, allein in der Dunkelheit, habe ich Gott alles gesagt, was ich empfand. Es war nicht schön, aber es traf mich auch kein strafender Blitz. Stattdessen fühlte ich mich Gott tatsächlich näher als je zuvor. So wirkt die Wahrheit. Wahrheit zerstört Mauern.

Sind Sie bereit, dieses Risiko einzugehen – heute? Vor Jesus auf die Knie zu gehen, ihm die ganze Wahrheit zu sagen über Ihre Gedanken und Gefühle? Damit er Sie zurück ins Leben lieben kann?

Gott kennt Ihre ganze Geschichte, und er liebt Sie.

Die tägliche Ration Bibel

Nahe ist der Herr denen, die zu ihm rufen, allen, die ihn aufrichtig anrufen.

Psalm 145,18 (NG)

Ihr werdet die Wahrheit erkennen, und die Wahrheit wird euch frei machen.

Johannes 8,32 (NL)

Sende dein Licht und deine Wahrheit, damit sie mich leiten; sie sollen mich führen zu deinem heiligen Berg und zu deiner Wohnung.

Psalm 43,3 (EÜ)

Liebe und Wahrheit haben sich verbündet. Gerechtigkeit und Frieden küssen sich! Wahrheit wird auf der Erde wachsen und Gerechtigkeit vom Himmel herabschauen.

Psalm 85,11-12 (NL)

Die Zeit kommt, ja sie ist schon da, in der die wahren Anbeter den Vater im Geist und in der Wahrheit anbeten. Der Vater sucht Menschen, die ihn so anbeten.

Johannes 4,23 (NL)

Wirkliche Ruhe

Wann haben Sie zuletzt wirklich Ruhe erlebt? Ich meine nicht, wann Sie es zuletzt geschafft haben, vor Mitternacht zu Bett zu gehen. Ich meine wirkliche Ruhe.

Unsere Kultur ist für Ruhe nicht gerade förderlich. Selbst in einer Kirchengemeinde kann man sich in Betriebsamkeit verlieren, man muss nur zu oft „Ja" sagen. Und es fällt leichter, einer Party in der Nachbarschaft fernzubleiben als dem Hauskreis in der Gemeinde. Wenn etwas geistlich klingt, denken wir allzu oft, wir müssten uns einreihen und auch mitmachen. Aber geschäftiger Einsatz für Gott und Vertrautsein mit Gott sind zwei verschiedene Dinge. Und oft passen sie nicht besonders gut zusammen.

Jesus hat einmal, als er eine Menschenmenge vor sich hatte, direkt die tief greifende Erschöpfung der Menschen angesprochen: „Kommt alle her zu mir, die ihr müde seid und schwere Lasten tragt, ich will euch Ruhe schenken" (Matthäus 11,28; NL). Er sprach nicht über die Müdigkeit, die Sie und mich nach einem erfüllten Arbeitstag überkommt, wenn wir nur noch in einen Sessel sinken und bis Weihnachten nicht mehr aufstehen wollen.

Jesus sprach vielmehr die Leute an, die sich damit abgemüht hatten, das Richtige zu tun, um Gott zufriedenzustellen und sich ihre Erlösung zu verdienen. Jesus hat diesen Satz vor seinem Tod am Kreuz und vor seiner Auferstehung gesagt. Gottesfürchtige Juden, die Jesus damals zugehört haben, sind jeden Morgen aufgewacht mit einer Hypothek von 613 Geboten. Wir kennen die sprichwörtlichen Zehn Gebote, die Gott Mose am Berg Sinai gegeben hat, aber darüber hinaus sollten die Juden noch 603 weitere Gebote erfüllen. Obendrein haben die religiösen Leiter damals nichts getan, um die Last der Gläubigen zu erleichtern. Jesus hat diesen Umstand direkt angesprochen:

Die Schriftgelehrten und Pharisäer sind dazu eingesetzt, euch das Gesetz des Mose auszulegen. Richtet euch nach ihren Vorschriften! Folgt aber nicht ihrem Beispiel! Denn sie selber tun nicht, was sie von den anderen verlangen. Sie bürden den Menschen unerträgliche Lasten auf, doch sie selbst rühren keinen Finger, um diese Lasten zu tragen. (Matthäus 23,2-4; HfA)

Jesus liebt Sie. Das ist alles. Es gibt keinen Haken, kein Kleingedrucktes. Der Satz gilt. Jesus liebt Sie und mich genau so, wie wir jetzt gerade sind. Ungeachtet der Schatten und Makel, die wir in uns tragen, sind wir bedingungslos von Gott geliebt. Unbegreiflich, aber wahr.

Diese Art von Liebe gibt es nicht abseits von Gott.

Diese Art von Liebe erschließt sich uns nicht, solange wir geschäftig von einer Aktivität zur nächsten hetzen.

Diese Art von Liebe ruft uns zur Ruhe, zu wirklicher Ruhe in der Gegenwart des Schöpfers, der uns kennt und der uns liebt.

Wirkliche Ruhe können wir uns nicht verdienen.
Wir bekommen sie geschenkt, zusammen mit
der Gnade der Erlösung durch Jesus Christus.

Die tägliche Ration Bibel

Jesus sagte: „Kommt alle her zu mir, die ihr euch abmüht und unter eurer Last leidet! Ich werde euch Ruhe geben. Lasst euch von mir in den Dienst nehmen, und lernt von mir! Ich meine es gut mit euch und sehe auf niemanden herab. Bei mir findet ihr Ruhe für euer Leben. Mir zu dienen ist keine Bürde für euch, meine Last ist leicht."

Matthäus 11,28-30 (HfA)

Komm wieder zur Ruhe, mein Herz! Denn der Herr hat dir Gutes getan. Ja, du hast mein Leben dem Tod entrissen, meine Tränen getrocknet, meinen Fuß bewahrt vor dem Gleiten.

Psalm 116,7-8 (EÜ)

Der Herr ist mein Hirte; mir wird nichts mangeln. Er weidet mich auf grünen Auen und führt mich zu stillen Wassern. Er erquickt meine Seele; er führt mich auf rechter Straße um seines Namens willen.

Psalm 23,1-3 (S)

Ich habe den Herrn beständig vor Augen. Er steht mir zur Rechten, ich wanke nicht. Darum freut sich mein Herz und frohlockt meine Zunge und auch mein Leib wird in sicherer Hoffnung ruhen.

Apostelgeschichte 2,25-26 (EÜ)

Wer unter dem Schutz des Höchsten wohnt, der kann bei ihm, dem Allmächtigen, Ruhe finden.

Psalm 91,1 (HfA)

Loslassen!

Lebhaft erinnere ich mich an einen Sonntagnachmittag, als mein Sohn Christian drei, vier Jahre alt war. Wir hatten den Gottesdienst besucht und hatten zu Mittag gegessen, und nun war für Christian ein Nickerchen angezeigt. Ich brachte ihn zu Bett – aber keine fünf Minuten später erschien er wieder. Ich legte ihn wieder hin – drei Minuten, dann war er wieder da. Noch zweimal dasselbe Spiel, dann hatte ich genug.

„Christian, ich möchte, dass du dich hinlegst und Gott bittest, er soll dir helfen, dass du zur Ruhe kommst." Ein paar Minuten später steckte er den Kopf in den Winkel, in den ich mich mit einem Buch zurückgezogen hatte.

„Hast du Gott nicht gebeten, dir zu helfen?", fragte ich.

„Hab ich", sagte er. „Aber er hat mir gesagt, dass er mich nicht als ruhigen Jungen gemacht hat."

Vielleicht geht es Ihnen ähnlich, wenn Sie die Worte *Seid still und erkennt, dass ich Gott bin* (Psalm 46,11; S) lesen. Ich erlebe das manchmal so. Unzählige Male habe ich mich hingesetzt und versucht, still und heilig zu sein. Es hat noch nie besonders gut funktioniert. Erst kürzlich, als ich diesen Vers las, ist mir klar geworden, was ich stets falsch verstanden habe: Die ursprüngliche hebräische Bedeutung der Wendung *Seid still* ist nicht etwa „Seid leise"; sondern „Lasst los" oder auch „Hört auf". Das klingt doch deutlich anders, stimmt's?

Lasst los/hört auf und erkennt, dass ich Gott bin!

Hört auf damit, eure Partner kontrollieren zu wollen!

Hört auf, euch um die Finanzen zu sorgen!

Hört auf mit eurer Unversöhnlichkeit!

Lasst eure Vergangenheit los!

Lasst los, was ihr nicht kontrollieren könnt – und findet Ruhe in dem Wissen, dass Gott die Kontrolle hat!

Wir sorgen uns so sehr um Dinge, die wir nicht beeinflussen können. Wie wäre es, wenn wir eine Liste all der Dinge anlegen würden, an denen wir krampfhaft festhalten, und anschließend überlassen wir sie Gott? Wie wäre es, wenn wir jeden Tag einen Moment lang loslassen und Gottes Kontrolle anerkennen würden? Es ist einen Versuch wert.

„Lasst los und erkennt, dass ich Gott bin."

Die tägliche Ration Bibel

Seid still und erkennt, dass ich Gott bin; ich werde erhaben sein unter den Völkern, ich werde erhaben sein auf der Erde!

Psalm 46,11 (S)

Begreifst du, wie Gott all diese Dinge regelt und wie er den Blitz aus den Wolken hervorzucken lässt? Durchschaust du, wie die Wolken am Himmel dahinschweben? Kannst du die Wunder fassen, die Gott in seiner vollkommenen Weisheit tut? Du verschmachtest in deinen Kleidern, wenn sich die Schwüle des heißen Südwinds über das Land legt – kannst du wie er das Himmelsgewölbe ausbreiten und hart machen wie einen gegossenen Spiegel?

Hiob 37,15-18 (NL)

Dein, Herr, sind Größe, Macht, Herrlichkeit, Ruhm und Hoheit. Alles im Himmel und auf der Erde gehört dir; dein ist das Reich, Herr. Wir beten dich an als den Herrn über alles. Reichtum und Ehre kommen allein von dir, denn du bist Herr über alles. Macht und Stärke verleihst du dem, den du groß und mächtig machen willst.

1. Chronik 29,11-12 (NL)

Denkt zurück an das, was von Anfang an, von der Urzeit her, galt: Ich bin Gott – sonst gibt es keinen! Es gibt keinen wie mich. Ich habe von Anfang an das, was kommen wird, vorausgesagt, schon lange, bevor es Wirklichkeit wurde. ... Was ich plane, steht fest. Alles, was mir gefällt, führe ich auch aus.

Jesaja 46,9-10 (S)

Eine einzigartige Bestimmung

Mit sechzehn hatte ich einen Ferienjob bei Houston's, dem einzigen Kaufhaus in meiner schottischen Heimatstadt Ayr. Ich sollte in der *Kurzwarenabteilung* aushelfen und hatte keine Ahnung, was das sein sollte: Kurzwaren. Meine Chefin erklärte mir, wir seien spezialisiert auf „kleine Artikel für Näharbeiten, wie Knöpfe, Gummibänder, Reißverschlüsse und dergleichen". Ich traute mich nicht zu fragen, was daran kurz ist!

Meine erste Aufgabe war das Sortieren und Aufwickeln von Bändern. Dann sollte ich den Inhalt der Schubkästen hinter dem Tresen ordnen. Alles ging gut, bis ich *es* entdeckte – das stürzte mich in Verwirrung. *Was hat das hier verloren? Gehört das nicht in die Haushaltswarenabteilung?*

Meine Chefin war ganz angetan von den gut sortierten Schubladen. Ich fragte sie: „Aber was ist mit dem Ding da in der untersten Schublade – soll ich das dort lassen oder woanders verstauen?"

„Lass es dort", sagte sie. „Wir haben diesen Sommer schon einige davon verkauft – an junge Mädchen."

„Mädchen kaufen so etwas?", wunderte ich mich. „Ich kann mir nicht vorstellen, dass ich jemals so etwas brauche."

„Jede junge Frau denkt so, bis sie den Richtigen findet", sagte meine Chefin grinsend.

„Wozu brauche ich einen Kolben mit einem spitzenbesetzten Griff?" – Ich stellte die Frage tatsächlich laut und plapperte weiter: „Schon beim ersten Einsatz wird die Spitze ruiniert!"

Die gesamte Belegschaft amüsierte sich über meine Ahnungslosigkeit. Ich lernte an diesem Tag, dass das seltsame Objekt ein Brautstraußhalter war. Das Blumengebinde wurde reingesteckt, und man hielt den Strauß mit dem spitzendekorierten Griff. Wer konnte denn so etwas ahnen?

Nichts anfangen können mit einem Straußhalter ist nicht halb so schlimm, als wenn man nicht weiß, warum und wozu man auf diesem Planeten lebt. Sie und ich sind nicht zufällig dort gelandet, wo wir sind. Sie und ich sind geliebte Töchter des Höchsten, Töchter Gottes, Königskinder, und jede von uns hat eine göttliche Bestimmung zu erfüllen. Bisweilen verlieren wir diesen Blick aufs große Ganze. Wir haben schließlich jede Menge zu tun mit unseren Familien und anderen Aufgaben. Und doch ändert unsere Geschäftigkeit nichts an den Absichten unseres souveränen Gottes mit Ihrem und meinem Leben. Um jeden Zweifel auszuräumen, lesen Sie das hier:

Du hast mich geschaffen mit Leib und Geist, mich zusammengefügt im Schoß meiner Mutter. Dafür danke ich dir, es erfüllt mich mit Ehrfurcht. An mir selber erkenne ich: Alle deine Taten sind Wunder! Ich war dir nicht verborgen, als ich im Dunkeln Gestalt annahm, tief unten im Mutterschoß der Erde. Du sahst mich schon fertig, als ich noch ungeformt war. Im Voraus hast du alles aufgeschrieben; jeder meiner Tage war schon vorgezeichnet, noch ehe der erste begann.

(Psalm 139,13-16; GN)

Gott hat etwas Einzigartiges mit Ihnen vor, genau wie mit mir. Lassen Sie sich von ihm leiten. Halten Sie sich an ihn, dann wird Ihnen Ihre Bestimmung klar. Und machen Sie sich bewusst: Wir Menschen schauen auf Äußerlichkeiten und vergleichen uns gern mit anderen, aber Gott sieht das Herz an, und Gott spricht auch zu unseren Herzen. Wenn Sie sich über sich selbst nicht im Klaren sind, bitten Sie Gott, Ihnen zu zeigen, warum er Sie geschaffen hat. Und sie können Gott bitten, dass er Ihnen seine ganz eigenen Absichten mit Ihnen offenbart!

Wer weiß, wozu Sie gerade zu dieser Zeit an genau diesem Ort sind?

Die tägliche Ration Bibel

Dein Wort ist meines Fußes Leuchte und ein Licht auf meinem Weg.

Psalm 119,105 (S)

Wisst ihr nicht, dass euer Leib ein Tempel des Heiligen Geistes ist, der in euch wohnt? Gott hat euch seinen Geist gegeben und ihr gehört nicht mehr euch selbst. Er hat euch freigekauft und als sein Eigentum erworben. Macht ihm also Ehre an eurem Leib!

1. Korinther 6,19-20 (GN)

Ich rufe zu Gott, dem Höchsten, zu dem Gott, der alles für mich zu einem guten Ende bringt.

Psalm 57,3 (NG)

„Ich weiß genau, welche Pläne ich für euch gefasst habe", spricht der Herr. „Mein Plan ist, euch Heil zu geben und kein Leid. Ich gebe euch Zukunft und Hoffnung. Wenn ihr dann zu mir rufen werdet, will ich euch antworten; wenn ihr zu mir betet, will ich euch erhören. Wenn ihr mich sucht, werdet ihr mich finden; ja, wenn ihr ernsthaft, mit ganzem Herzen, nach mir verlangt."

Jeremia 29,11-14a (NL)

Ein lebendiges Opfer

Andere Eltern von Kindern im selben Alter hatten mich gewarnt vor diesem Projekt, das das siebte Schuljahr krönen sollte, aber ich war dann doch überrascht, wie viel Arbeit es erforderte. Jeder Schüler sollte ein maßstabsgerechtes Modell der Stiftshütte bauen, wie sie im 2. Buch Mose in den Kapiteln 36 bis 39 beschrieben wird. Haben Sie sich je mit der detaillierten Beschreibung des Heiligtums dort befasst? Es ist unglaublich komplex. Im Vergleich dazu wirkt das Taj Mahal geradezu schlicht.

Wir haben die Bastelabteilungen mehrerer Läden aufgesucht, und dann ging Christian ans Werk. Als größte Herausforderung erwies sich die Maßstabsgerechtigkeit. Nach seinem ersten noblen Versuch frage ich ihn: „Erkennst du irgendein Problem an dem Hohepriester und dem Tier, das er gerade opfern will?“

Christian studierte die Plastikfiguren gründlich. „Du meinst, weil das Lamm viermal so groß ist wie der Priester?“

„Exakt“, gab ich zur Antwort. „Er wird einen Kran brauchen, um das Lamm auf den Altar zu hieven.“

Wir besorgten ein kleineres Lamm und eine etwas größere Priesterfigur. Das Stiftshüttenmodell sah allmählich richtig gut aus, und so ließ ich Christian mit dem Feinschliff allein und kümmerte mich ums Abendessen. Zehn Minuten später stürmte er in die Küche. „Ich brauche die Heißklebepistole, einen Hammer und einen großen Nagel!“

„Warum? Ich dachte, du bist fertig!"

„War ich auch, aber das Lamm fällt immer wieder vom Altar runter."

Das ist unser aller Problem, sofern wir – um den Apostel Paulus zu zitieren – *lebendige Opfer* sind. Wenn es heiß wird, klettern wir lieber runter vom Altar!

Und heiß kann es tatsächlich werden, wenn wir uns um unsere Familien kümmern, unsere Nächsten lieben und Gottes Gebote befolgen wollen. Es kann heiß werden, wenn wir versuchen, Gott zu lieben mit unserem ganzen Sein und Jesus treu zu folgen, ganz gleich, ob die Sonne scheint oder der Sturm tobt. Aber wenn wir Gott anbeten, sei es auch mit tränenverschleiertem Gesicht, weil es richtig heiß wird auf dem Altar, dann opfern wir unser Bestreben, auf die *Warums* unseres Lebens eine Antwort zu bekommen. Und wenn wir uns Gottes Führung anvertrauen und ihm gehorchen wollen, auch dann opfern wir etwas mehr von uns selbst und von dem Wunsch, unser Leben selbst zu beherrschen.

Die Bereitschaft, ein lebendiges Opfer zu sein,
ehrt Jesus, das Lamm Gottes, das bereit war,
sich für unsere Sünden opfern zu lassen.

Weil ihr Gottes Barmherzigkeit erfahren habt, fordere ich euch auf, liebe Brüder und Schwestern, mit eurem ganzen Leben für Gott da zu sein. Seid ein lebendiges Opfer, das Gott dargebracht wird und ihm gefällt. Ihm auf diese Weise zu dienen ist die angemessene Antwort auf seine Liebe. Passt euch nicht dieser Welt an, sondern **ändert** euch, indem ihr euch von Gott völlig neu ausrichten lasst. Nur dann könnt ihr beurteilen, was Gottes Wille ist, was gut und vollkommen ist und was ihm gefällt.

Römer 12,1-2 (HfA)

Preise den Herrn, meine Seele, ja, alles in mir lobe seinen heiligen Namen! Preise den Herrn, meine Seele, und vergiss nicht, was er dir Gutes getan hat! Er vergibt dir all deine Schuld und heilt alle deine Krankheiten. Er rettet dich mitten aus Todesgefahr, krönt dich mit Güte und Erbarmen. Er gibt dir in deinem Leben viel Gutes – überreich bist du beschenkt! Wie sich bei einem Adler das Gefieder erneuert, so bekommst du immer wieder jugendliche Kraft.

Psalm 103,1-5 (NG)

Da wir von so vielen Zeugen umgeben sind, die ein Leben durch den Glauben geführt haben, wollen wir jede Last ablegen, die uns behindert, besonders die Sünde, in die wir uns so leicht verstricken. Wir wollen den Wettlauf bis zum Ende durchhalten, für den wir bestimmt sind. Dies tun wir, indem wir unsere Augen auf Jesus gerichtet halten, von dem unser Glaube vom Anfang bis zum Ende abhängt. Er war bereit, den Tod der Schande am Kreuz zu sterben, weil er wusste, welche Freude ihn danach erwartete. Nun sitzt er an der rechten Seite von Gottes Thron im Himmel! Denkt an alles, was er durch die Menschen, die ihn anfeindeten, ertragen hat, damit ihr nicht müde werdet und aufgebt.

Hebräer 12,1-3 (NL)

Durch deine Liebe darf ich in dein Haus kommen, voll Ehrfurcht bete ich dich in deinem heiligen Tempel an.

Psalm 5,7 (NL)

Geben Sie Ihr „Nicht genug"

Wenn es nicht meine Freundin gewesen wäre, die mich um diesen Gefallen bat, ich hätte niemals „ja" gesagt. Die Vorstellung, vor einer Versammlung egal welcher Größe zu sprechen, jagte mir Angst ein. Ich war nun einmal Sängerin und später Fernsehmoderatorin. Eine Rede halten – das ist ein ganz anderes Kaliber. Aber meine Freundin war verzweifelt.

„Seit mir meine Hauptrednerin grippekrank abgesagt hat, habe ich so ziemlich jede Rednerin angefragt, die ich kenne, aber sie sind alle schon verplant!"

„Marlene, es ist ja nicht so, dass ich nicht will – ich weiß nur nicht, was ich da machen muss", erklärte ich. „Ich habe noch nie im Leben einen Vortrag gehalten. Du *musst* jemand anderen finden!"

„Du kannst mir glauben, ich habe schon alles versucht. Du bist meine letzte Hoffnung!"

Mit dieser erhebenden Vertrauenserklärung im Ohr machte ich mich auf den Weg zu der bewussten Veranstaltung. Ich hatte mir ein Treffen von vielleicht fünfzig Frauen vorgestellt mit nicht sehr hohen Erwartungen. Irrtum! Es erwarteten mich eintausend – kein Witz – fein herausgeputzte und nobel gekleidete Damen, die die flammende Rede des Jahrzehnts hören wollten.

Ich stand auf der Bühne und flüsterte Gott zu: „Wie soll ich die alle versorgen?“

Er flüsterte zurück: „Wie viel hast du?“

Lassen Sie mich diesen rätselhaften Wortwechsel erklären. Alle vier Evangelisten berichten, dass Jesus eines Tages eine Versammlung von fünftausend Mann – und wer weiß wie vielen Frauen und Kindern – gespeist hat, es muss also eine bedeutende Geschichte sein. Aber was genau können wir lernen von dem, was an jenem Tag bei Sonnenuntergang geschehen ist?

Es war zweifellos ein spektakuläres Wunder, aber ich denke, da ist noch mehr. Matthäus berichtet, dass Jesus die Jünger anwies, den Leuten zu essen zu geben. Lukas erwähnt, wie Jesus die Sitzordnung arrangierte: Die Leute sollten sich in Gruppen zu jeweils 50 sammeln. Johannes zufolge fragte Jesus Philippus, wo man Brot für so viele Leute kaufen könne. Einzig Markus hat die bedeutsame Frage überliefert, die damals über die Lippen von Jesus kam: „Wie viele Brote habt ihr?“

Die Jünger waren völlig fixiert auf das, was sie *brauchten,* und so übersahen sie, was sie *hatten.* War das denn genug, was sie hatten? Nein! Was Sie und ich haben, ist niemals genug. Aber wenn wir Jesus das geben, was wir haben, segnet er es, teilt es und sättigt damit seine Leute.

Noch ein Detail: Glauben Sie, dass an jenem Tag auf diesem Hügel tatsächlich der kleine Junge mit seinem Lunchpaket der Einzige war, der etwas zu essen dabei hatte? Natürlich nicht! Da waren Mütter und Großmütter, und wo Frauen sind, da gibt es auch Notverpflegung. Vielleicht haben nicht alle davon großzügig abgegeben, weil sie wussten, dass es nicht für die Tausende dort reichen würde.

Denken Sie an Ihr gegenwärtiges Leben. Was können Sie Jesus geben? Sind Sie zögerlich, weil es nicht so viel ist, wie andere geben können? Schämen Sie sich, weil es möglicherweise nicht genug ist, um die Aufgabe zu erledigen? Sie können sicher sein: Jesus erwartet nie von uns, dass wir ihm geben, was nötig ist. Er bittet uns, ihm zu geben, was wir haben, und er macht mehr daraus. So viel, dass oft noch etwas übrig bleibt.

Wunder geschehen da, wo wir unser „Nicht genug“ zum „Mehr als genug“ von Jesus Christus dazugeben.

Die tägliche Ration Bibel

[Jesus] sagte zu [seinen Jüngern]: „Wie viele Brote habt ihr?“

Markus 6,38 (EÜ)

Wir halten uns selbst nicht dazu fähig, irgendetwas zu bewirken, was bleibenden Wert hätte. Unsere Kraft dazu kommt von Gott. Er hat uns befähigt, Diener seines neuen Bundes zu sein, eines Bundes, der nicht auf schriftlichen Gesetzen beruht, sondern auf dem Geist Gottes.

2. Korinther 3,5f (NL)

Ob ich nun wenig oder viel habe, beides ist mir durchaus vertraut, und so kann ich mit beidem fertig werden: Ich kann satt sein und hungern; ich kann Mangel leiden und Überfluss haben. Alles kann ich durch Christus, der mir Kraft und Stärke gibt.

Philipper 4,12f (HfA)

Seht euch doch einmal in euren eigenen Reihen um, Geschwister: Was für Leute hat Gott sich ausgesucht, als er euch berief? Es sind nicht viele Kluge und Gebildete darunter, wenn man nach menschlichen Maßstäben urteilt, nicht viele Mächtige, nicht viele von vornehmer Herkunft. Im Gegenteil: Was nach dem Urteil der Welt ungebildet ist, das hat Gott erwählt, um die Klugheit der Klugen zunichte zu machen, und was nach dem Urteil der Welt schwach ist, das hat Gott erwählt, um die Stärke der Starken zunichte zu machen. Was in dieser Welt unbedeutend und verachtet ist und was bei den Menschen nichts gilt, das hat Gott erwählt, damit ans Licht kommt, wie nichtig das ist, was bei ihnen etwas gilt. Denn niemand soll gegenüber Gott mit vermeintlichen Vorzügen prahlen können.

1. Korinther 1,26-29 (NG)

Worin auch immer eure Arbeit besteht – tut sie mit ganzer Hingabe, denn letztlich dient ihr nicht Menschen, sondern dem Herrn. Ihr könnt sicher sein, dass ihr von ihm einen Lohn bekommt – das Erbe, das er im Himmel für euch bereithält. Darum dient ihm, Christus, dem Herrn!

Kolosser 3,23f (NG)

Scham – und Gottes Gegengift

Es war eine Blamage.

Nachdem das Gelächter abgeebbt war, kommentierte mein Professor für Neues Testament: „Jedes Jahr erwischt es mindestens einen Studenten bei dieser Frage“, sichtlich befriedigt, dass ich ins Fettnäpfchen getappt war.

Ich weiß nicht mal mehr die genaue Frage. Es hing damit zusammen, wie die Verfasser der biblischen Schriften inspiriert wurden. Haben sie Gottes Stimme gehört? Hat ihnen der Heilige Geist beim Schreiben in die Feder diktiert?

Wie gesagt, die genaue Frage ist mir nicht mehr in Erinnerung, aber allzu gut weiß ich noch, wie ich mich gefühlt habe, als alle in der Runde mich auslachten. Ich gab vor, ebenfalls zu lachen, aber in Wirklichkeit hätte ich mich am liebsten in einem Mauseloch verkrochen. Ich fühlte mich beschämt. Und Scham kann innerlich töten.

Schuldgefühle sagen uns, dass wir etwas Falsches *getan* haben; Scham sagt uns, dass etwas an uns falsch *ist.* Wenn wir etwas falsch gemacht haben, können wir versuchen, es gerade zu rücken. Aber was tun, wenn wir im tiefsten Innern das Gefühl haben, dass wir falsch *sind?*

Je mehr ich mich mit Gottes Wort beschäftige und es in meinem Leben anzuwenden versuche, umso klarer erkenne ich – vom 1. Buch Mose bis zur Offenbarung des Johannes –, dass Gott ein Gegengift gegen Scham hat. Und das ist seine Liebe. Wir sehen, wie Gott dieses Gegengift einsetzt von Adams und Evas Sündenfall an, als die Scham in die Welt kam, durch alle Zeiten hindurch bis zu dem Moment, als das Lamm Gottes auf der brutalen Bühne von Golgatha ausrief: „Es ist vollbracht!"

Scham redet uns ein, dass wir wertlos sind. Jesus Christus sagt: „Ich habe euch wertvoll gemacht."

Scham redet uns ein, dass wir heimatlos sind. Jesus Christus sagt: „Ihr gehört mir."

Scham behauptet, dass wir schmutzig sind. Jesus Christus sagt: „Ich werde euch schneeweiß waschen."

Ich lade Sie ein, etwas zu tun, was mir geholfen hat: Nehmen Sie sich einige Augenblicke Zeit und schreiben Sie die Erfahrungen in Ihrem Leben auf, in denen Sie sich beschämt gefühlt haben. Und dann hören Sie bei jeder Zeile, die Sie notiert haben, wie Jesus Ihnen liebevolle Worte zuspricht.

Gottes Liebe ist das Gegengift gegen Scham.

Die tägliche Ration Bibel

Beide, Adam und seine Frau, waren nackt, aber sie schämten sich nicht voreinander.

1. Mose 2,25 (EÜ)

Da gingen den beiden die Augen auf und sie merkten, dass sie nackt waren.

1. Mose 3,7 (GN)

Zu dir riefen sie und wurden befreit, dir vertrauten sie und wurden nicht zuschanden.

Psalm 22,6 (EÜ)

Siehe, ich lege in Zion einen auserwählten, kostbaren Eckstein, und wer an ihn glaubt, soll nicht zuschanden werden.

1. Petrus 2,6 (S)

Kommt her, wir wollen sehen, wer von uns Recht hat, spricht der Herr. Wären eure Sünden auch rot wie Scharlach, sie sollen weiß werden wie Schnee. Wären sie rot wie Purpur, sie sollen weiß werden wie Wolle.

Jesaja 1,18 (EÜ)

Machtvolle Vergebungsbereitschaft

Mein Sohn ist fasziniert von den Naturwissenschaften. Von klein auf habe ich diese Leidenschaft an Christian beobachtet. Unsere Küche wurde Zeuge zahlreicher Experimente, die auf spektakuläre Weise scheiterten. Ein solches Experiment bestand darin, dass man eine kleine Menge einer klaren Flüssigkeit zu einer anderen gibt.

„Pass auf, Mama!", sagte Christian mit der Bestimmtheit eines jungen Einstein. „Wenn die Flüssigkeiten sich mischen, wird es brodeln, und sie werden eine neue Farbe annehmen."

Nun, sie mischten sich – und *Brodeln* beschreibt nicht annähernd, was dann geschah. Es erinnerte an grell-pinke Lava, die sich da explosionsartig aus dem Becherglas des Experimentierkastens über den gesamten Küchentisch verteilte.

„Das hat ja viel besser funktioniert, als ich erwartet habe", sagte der Meister der Untertreibung in ruhigem Ton.

Vergebung ist wie dieses energiegeladene Gebräu. Wenn wir erst einmal unseren eigenen Willen auf eine Linie mit Gottes Willen bringen und vergebungsbereit werden, dann können wir erleben, welche Kraft darin liegt, und es wird eine Menge mehr passieren, als wir erwartet haben.

In der Welt, in der wir leben, widerfahren guten Menschen schlimme Dinge. Das wird mir klar, wenn ich die Briefe, Facebook- und Twitter-Einträge lese, die mich täglich erreichen, und es bricht mir jedes Mal ein wenig das Herz.

Da ist die Frau, die von ihrem Mann sitzengelassen wurde.

Der Mann, den man bei den angekündigten Beförderungen übergangen hat.

Die angebliche Freundin, die rufschädigende Lügen über einen verbreitet.

Das Kind, das die Schuld an der Scheidung dem Elternteil zuschiebt, der am wenigsten dafür kann.

Die Liste ist endlos.

Wir leben in einer sehr unfairen Welt. Was also sollen wir tun? Nun, ich habe bei der Beschäftigung mit dem Wort Gottes zweierlei wichtige Dinge über Vergebungsbereitschaft gelernt. Erstens: Vergebungsbereitschaft wird uns nicht unverbindlich empfohlen, sondern ausdrücklich geboten. Zweitens: Mir scheint, dass Vergebungsbereitschaft so etwas wie Gottes Geheimwaffe ist. Vergebungsbereitschaft minimiert nicht den Schmerz, heißt auch nicht, dass das, was Ihnen oder mir widerfahren ist, in Ordnung wäre, und heißt schon gar nicht, dass wir uns demselben Unrecht erneut aussetzen müssen. Nein! Vergebungsbereitschaft kann etwas anderes: Sie kann verhindern, dass wir uns mit Zorn, Rachegedanken und Bitterkeit belasten – und wenn wir uns bereits damit abplagen, kann sie uns von dieser Last befreien. Wenn wir durch Gottes Gnade anderen vergeben, dann legen wir diese Last am Fuß des Kreuzes nieder.

Klingt das gut? Wenn ja, wo damit anfangen? Wir können dort beginnen, wo wir gerade sind. Wir bitten den Heiligen Geist, uns all die Verletzungen bewusst zu machen, die wir tief in uns vergraben haben. Und wenn das geschieht, legen wir diese – genau wie die offensichtlicheren Ungerechtigkeiten, die wir erlitten haben und die es zu vergeben gilt – am Fuß des Kreuzes von Jesus nieder. Ich empfinde es auch als hilfreich, die Namen der Menschen aufzuschreiben, denen ich etwas zu vergeben habe, und den Zettel dann zu verbrennen. Das kann man, wenn nötig, wieder und wieder machen. Eine Menge mehr wird dadurch ausgelöst, als Sie sich vielleicht vorstellen.

Fairness lebt nicht in dieser Welt – aber Jesus.

Die tägliche Ration Bibel

Erfreue das Herz deines Dieners, denn nach dir, Herr, sehnt sich meine Seele. Du, Herr, bist doch gütig und gern bereit zu vergeben, reich an Gnade gegenüber allen, die zu dir rufen. Höre auf mein Gebet, Herr, und achte auf mein lautes Flehen!

Psalm 86,4-6 (NG)

Wer über die Fehler anderer hinwegsieht, gewinnt ihre Liebe; wer alte Fehler immer wieder ausgräbt, zerstört jede Freundschaft.

Sprüche 17,9 (HfA)

Gib uns heute unser tägliches Brot. Und vergib uns unsere Schuld, wie auch wir denen vergeben haben, die an uns schuldig wurden.

Matthäus 6,11f. (NG)

Richtet nicht, und ihr werdet nicht gerichtet werden. Verurteilt nicht, und ihr werdet nicht verurteilt werden. Sprecht frei, und ihr werdet freigesprochen werden.

Lukas 6,37 (NG)

Wenn die Hoffnung aufersteht

„Wenn das eines von Gottes Spielchen ist, dann will ich nicht mitspielen“, sagte sie.

Ich fragte zurück: „Sie denken, dass Gott mit uns spielt?“

„Ich habe lang und hart gekämpft, um den Brustkrebs zu besiegen. Ich habe Gott die ganze Zeit über vertraut, und nun ist der Krebs wieder da. Ich bin am Boden zerstört.“

Ich war der Frau in einem meiner bevorzugten Cafés begegnet. Sie stellte sich vor, sagte, dass sie mich vor Jahren mal auf einer Veranstaltung sprechen gehört hatte, und fragte, ob ich einen Kaffee lang Zeit für sie hätte. Wir sprachen wesentlich länger an jenem Tag. Als es ans Verabschieden ging, fragte ich sie, ob ich für sie beten dürfe. Sie lehnte höflich ab. „Wozu soll das gut sein?“

Ich sah ihr nach, wie sie das Café verließ und in den Regen hinausging. Ich betete trotzdem für sie. Ich bat darum, dass sie wieder Hoffnung bekommt.

Es ist schrecklich, wenn man die Hoffnung verliert. Viele Menschen sind an dem Punkt. Manche haben einen gebrechlichen Leib, bei anderen ist das Herz gebrochen. Und andere konnten sich niemals vorstellen, dass sie jemals dahin geraten könnten, wo sie jetzt sind – zweifelnd, kämpfend, sich fragend, warum Gott scheinbar nicht mehr zuhört und warum er ihnen seine Liebe vorenthält.

Als ich kürzlich das Matthäusevangelium las, kam ich an diese Stelle:

Als Judas sah, dass sein Verrat zur Verurteilung Jesu geführt hatte, bereute er seine Tat. Er brachte den führenden Priestern und den Ältesten die dreißig Silberstücke zurück und sagte: „Ich habe gesündigt, ich habe einen unschuldigen Menschen verraten." – „Was geht uns das an?", erwiderten sie. „Das ist deine Sache!" Da nahm Judas das Geld und warf es in den Tempel. Danach ging er weg und erhängte sich. (Matthäus 27,3-5; NG)

Lieber Judas, wenn du doch nur zwei Tage länger gewartet hättest! Ja, du wärest an jenem Freitag noch verzweifelt gewesen, aber am Sonntagmorgen hättest du erleben können, wie die Hoffnung von den Toten aufersteht!

Ich weiß nicht, was Sie gegenwärtig zu bewältigen haben, aber ich weiß eins: dass wir zwar einige Kämpfe auf dieser Erde verlieren werden, doch den Krieg werden wir letztlich gewinnen – wegen Jesus. Verzweifeln Sie nicht!

Am Morgen des Ostersonntags ist die Hoffnung von den Toten auferstanden.

Gepriesen sei Gott, der Vater unseres Herrn Jesus Christus! In seinem großen Erbarmen hat er uns durch die Auferstehung Jesu Christi von den Toten ein neues Leben geschenkt. Wir sind von neuem geboren und haben jetzt eine sichere Hoffnung.

1. Petrus 1,3 (NG)

Führe mich durch deine Treue und unterweise mich. Denn du bist der Gott, der mir Rettung schafft. Auf dich hoffe ich Tag für Tag.

Psalm 25,5 (NG)

Du bist meine Hoffnung, Herr, dir vertraue ich von Kindheit an! Ja, seit meiner Geburt bist du mein Halt. Vom ersten Tag an hast du für mich gesorgt. Darum will ich dich loben mein Leben lang.

Psalm 71,5.6 (HfA)

Sogar wir, denen Gott doch bereits seinen Geist gegeben hat, den ersten Teil des künftigen Erbes, sogar wir seufzen innerlich noch, weil die volle Verwirklichung dessen noch aussteht, wozu wir als Gottes Söhne und Töchter bestimmt sind: Wir warten darauf, dass auch unser Körper erlöst wird.

Römer 8,23 (NG)

Wenn der Glaube an Christus uns nur für dieses Leben Hoffnung gibt, sind wir die bedauernswertesten unter allen Menschen. Tatsächlich aber ist Christus als Erster von den Toten auferstanden. So können wir sicher sein, dass auch die übrigen Toten auferweckt werden.

1. Korinther 15,19f. (HfA)

Haltet an dieser Hoffnung fest, zu der wir uns bekennen, und lasst euch durch nichts davon abbringen. Ihr könnt euch felsenfest auf sie verlassen, weil Gott sein Wort hält.

Hebräer 10,23 (HfA)

Durchhalten lernen – von einem Yorkshire Terrier

Nach einem langen Wochenende mit verspäteten Flügen und allzu kurzen Nächten war ich endlich wieder zu Hause, aber am Montagmorgen schaffte ich es kaum aus dem Bett. Vermutlich im Halbschlaf brühte ich mir Kaffee auf und begab mich anschließend in den Garten mit meinen drei kleinen Hunden. Sofort begann das Ritual.

Maggie, der Yorkshire Terrier, wollte spielen. Sie wühlte in ihrer Spielzeugecke, bis sie ihren ausgestopften Waschbären fand. Sie legte mir das Teil zu Füßen und schaute hoch. Ich reagierte nicht. Sie packte das Stofftier mit den Zähnen, ging damit ein paar Schritte zurück und versuchte es dann erneut. Immer noch keine Reaktion von mir … – denn ich war noch nicht auf dem Posten! Nach zwei weiteren erfolglosen Anläufen änderte Maggie die Strategie und begann an meinem Bein zu scharren. Das funktionierte. Ich wollte Frieden, also schnappte ich den Waschbären, warf ihn, so weit ich konnte, und sah Maggie wie der Wind hinterherflitzen.

Ich möchte, dass du genau so betest.

Das war nicht akustisch hörbar, aber ich erkannte eindeutig Gottes Stimme tief in mir. Ich dachte nach über Maggies Hartnäckigkeit. Sie wollte unbedingt die erhoffte Reaktion von mir. Sie ließ nicht locker, bis ich ihr Spielzeug nahm und es für sie weit weg warf. Mir wurde klar: Wenn es ans Beten geht, habe ich oft nicht halb so viel Durchhaltevermögen wie dieser Yorkshire Terrier. Ich bewege ein Thema zwar schon eine Weile im Gebet, aber dann befasse ich mich wieder mit anderen Dingen.

Ich musste an den Ausdruck in Maggies Augen denken. Sie liebt mich, und sie weiß, dass ich sie liebe. Aufgrund dieser Liebe ist sie absolut davon überzeugt, dass ich ihr den Gefallen tue, wenn sie nur lange genug bettelt. Wie viel mehr liebt uns unser Vater im Himmel und will uns antworten!

Jesus hat die Geschichte von der ausdauernden Witwe (Lukas 18,1-8) erzählt, um uns zu ermutigen, dass wir Gott mit Gebeten bestürmen sollen. Wir sollen es wieder und wieder versuchen. Als mir das einfiel, habe ich beschlossen, dass mich ein Yorkshire Terrier darin nicht übertrumpfen soll!

Gott freut sich über glaubende Menschen,
die gern verwegen und ausdauernd beten,
bis er antwortet.

Die tägliche Ration Bibel

Jesus zeigte seinen Jüngern durch ein Gleichnis, wie wichtig es ist, beständig zu beten und nicht aufzugeben.

Lukas 18,1 (NL)

Wenn du beten willst, geh in dein Zimmer, schließ die Tür, und dann bete zu deinem Vater, der auch im Verborgenen gegenwärtig ist; und dein Vater, der ins Verborgene sieht, wird dich belohnen.

Matthäus 6,6 (NG)

Betet in großer Zuversicht, und zweifelt nicht; denn wer zweifelt, gleicht den Wellen im Meer, die vom Sturm hin- und hergetrieben werden.

Jakobus 1,6 (HfA)

Wendet euch, vom Heiligen Geist geleitet, immer und überall mit Bitten und Flehen an Gott. Lasst dabei in eurer Wachsamkeit nicht nach, sondern tretet mit Ausdauer und Beharrlichkeit für alle ein, die zu Gottes heiligem Volk gehören.

Epheser 6,18 (NG)

Freut euch, was auch immer geschieht! Lasst euch durch nichts vom Gebet abbringen! Dankt Gott in jeder Lage! Das ist es, was er von euch will und was er euch durch Jesus Christus möglich gemacht hat.

1. Thessalonicher 5,16f. (NG)

Im Dunkeln loben

„Warum sollte Gott mir ein Wunder schicken, nur um es mir dann wieder wegzureißen?“, fragte sie.

Das heißt, es war eher eine Klage als eine Frage.

Sie hatte mich während der Mittagspause einer Konferenz, bei der ich als Rednerin war, um ein kurzes privates Gespräch gebeten.

„Man hat uns gesagt, dass wir keine Kinder bekommen können“, begann sie zu erzählen. „Wir versuchten es jahrelang und hatten schon fast aufgegeben, als ich bemerkte, dass ich schwanger war.“

In ihren Augen flackerte für einen Moment ein Licht auf, aber es erlosch gleich wieder. „Er hat vier Stunden lang gelebt“, sagte sie. „Warum hat Gott das zugelassen? Warum sollte er mir ein Wunder schicken, nur um es mir dann wieder wegzureißen?“

Ich fand darauf keine Worte. Manchmal ist die Flut menschlichen Leides zu tief für Worte. Ich konnte nur eines tun – sie eine Weile festhalten. Ich betete für sie, bevor sie aufstand, um zu gehen – und zwar betete ich zu einem, der weiß, was es bedeutet, den eigenen Sohn sterben zu sehen. Einmal mehr fühlte ich mich erinnert an einen kleinen Vers im Lukasevangelium. Es ist ein Vers, der gern überlesen wird, aber ich denke, Gott hat in diesen paar Worten ein kleines Rätsel versteckt: „Glücklich zu preisen ist, wer nicht an mir Anstoß nimmt“ (Lukas 7,23; NG).

Vielleicht ist Ihnen die Geschichte gegenwärtig, die diesem Satz vorausgeht. Johannes der Täufer sitzt als persönlicher Gefangener des Königs Herodes im Kerker. Dieser Mann, der in der Wildnis zu Hause war, ist eingesperrt in einem finsteren Kellerloch. Als ob das nicht bitter genug wäre, nagt auch noch der Zweifel an Johannes. Er quält ihn so sehr, dass er seine Anhänger bittet, zu Jesus zu gehen und ihm eine seltsame Frage zu stellen: „Bist du der, der kommen soll, oder müssen wir auf einen anderen warten?" (Lukas 7,19; NG)

Was ist seltsam an dieser Frage? Johannes hatte sich sein ganzes Leben lang auf den Moment vorbereitet, an dem Gott den Messias offenbaren würde und er, Johannes, die Freude haben würde, ihn vorzustellen: „Seht, hier ist das Opferlamm Gottes, das die Sünde der ganzen Welt wegnimmt!" (Johannes 1,29; NG) Johannes hatte diesen Tag erlebt, hatte gesehen, wie der Heilige Geist wie eine Taube auf Jesus herabkam, und er hatte die Stimme Gottes gehört: „Dies ist mein geliebter Sohn, an ihm habe ich Freude" (Matthäus 3,17; NG).

Aber nun saß Johannes im Gefängnis, und Zweifel und Lügen suchten ihn in seiner Zelle heim: *Vielleicht hast du ja alles falsch verstanden? Was, wenn du den Falschen als Messias identifiziert hast? Und überhaupt, wo ist Jesus jetzt?*

Auf der Suche nach einer Antwort, die Licht in seine dunkle Zelle bringen konnte, schickte Johannes seine Freunde zu Jesus. Und was hat ihnen Jesus aufgetragen zu sagen? „Geht zu Johannes und berichtet ihm, was ihr gesehen und gehört habt" – nämlich dass Jesus Dinge tut, die vom Messias erwartet werden – und: „Glücklich zu preisen ist, wer nicht an mir Anstoß nimmt" (Lukas 7,23; NG).

Anders ausgedrückt hat Jesus gefragt: „Wirst du einen Gott lieben, der dich nicht aus dem Gefängnis holt? Wirst du einen Gott verehren, den du nicht verstehst? Wirst du mir auch mit gebrochenem Herzen folgen?"

Solche Zeiten stellen unseren Glauben auf die Probe. Sollten Sie sich in einem derartigen dunklen Kerker befinden, werden Sie trotzdem Gott die Ehre geben? Wenn Sie darauf ein Ja haben, sagt Gott, dass Sie selig sind.

Lasst uns Gott ehren – auch wenn wir gerade im Dunkeln sein sollten.

Die tägliche Ration Bibel

Geht zu Johannes und berichtet ihm, was ihr gesehen und gehört habt: „Blinde sehen, Lahme gehen, Aussätzige werden geheilt, Taube hören, Tote werden auferweckt, und den Armen wird Gottes gute Botschaft verkündet. Glücklich zu preisen ist, wer nicht an mir Anstoß nimmt."

Lukas 7,22f (NG)

Es ist aber der Glaube eine feste Zuversicht auf das, was man hofft, und ein Nichtzweifeln an dem, was man nicht sieht. Hebräer 11,1 (L)

Du kannst mich auf die Probe stellen, Herr. Ergründe, wie ich wirklich bin, prüfe mich auf Herz und Nieren! Deine Gnade habe ich stets vor Augen, und deine Treue bestimmt meinen Weg.

Psalm 26,2f. (NG)

Die Prüfungen, denen ihr bisher ausgesetzt wart, sind nicht über ein für uns Menschen erträgliches Maß hinausgegangen. Und Gott ist treu; er wird euch auch in Zukunft in keine Prüfung geraten lassen, die eure Kraft übersteigt. Wenn er euren Glauben auf die Probe stellt, wird er euch auch einen Weg zeigen, auf dem ihr die Probe bestehen könnt.

1. Korinther 10,13

Schatzsuche im Wort Gottes

Ich liebe das Meer. Ich bin an der Westküste Schottlands aufgewachsen, bei den tiefsten und spektakulärsten Küstengewässern der britischen Inseln. Die meisten Sommer habe ich als Kind damit verbracht, die Felsen und Höhlen entlang der Küste zu erkunden.

Wie oft bin ich am Ufersaum entlanggegangen mit einem Eimer in der Hand, meine Augen auf den feuchten Sand gerichtet. Was habe ich dort für Schätze gefunden!

Farbige Glasscherben, von der See und vom Sand rundgeschliffen.

Muschelschalen aller Formen und Größen.

Sandalen – gewöhnlich immer einzeln.

Legosteine.

Gummi-Enten (ich besitze immer noch eine Sammlung davon).

Solche Fundsachen habe ich mit heim genommen, habe sie sauber gemacht und in einem kleinen braunen Koffer deponiert, der seinen Platz unter meinem Bett hatte.

Eines Tages allerdings fand ich einen echten Schatz. Ich war das ganze Ufer entlang bis zur Hafenmauer gegangen und wieder dahin zurück, wo meine Großmutter saß.

„Nana, darf ich noch fünf Minuten?“, fragte ich. „Ich glaube, ich habe etwas übersehen.“

„Nur fünf Minuten“, sagte sie. „Es wird bald dunkel.“

Ich ging ans Wasser, schaute nach links, dann wieder nach rechts, und da fiel mir etwas ins Auge, was unter den letzten Strahlen der Sonne glitzerte. Ich beugte mich vor und sah, halb vergraben im Sand, einen Verlobungsring mit Diamanten! Um es kurz zu machen: Ich brachte den Ring zur Polizei; niemand erhob Anspruch darauf, also habe ich ihn wiederbekommen, und ich habe ihn bei meinen Gummi-Enten im braunen Koffer verstaut.

Nun, Jahre später, denke ich an jenen Nachmittag am Ufer zurück und kann noch besser begreifen, dass Gott Schätze für uns bereithält, wenn wir bei unserer Suche nicht nachlassen. Es ist einfach, ein paar Bibelverse zu lesen und die Sache dann abzuhaken, aber uns entgeht so viel, wenn wir nicht das Tempo verringern, unsere Schritte noch einmal überdenken und nach den Schätzen Ausschau halten, die Gott stets in seinem Wort für uns verborgen hat.

Sehen Sie, Jesus wartet darauf, uns in den Seiten der Bibel zu begegnen. Und seine Juwelen des Friedens, der Gnade und der Liebe sind ungleich wertvoller als alles, was die Welt bieten kann.

Lassen Sie sich Zeit beim Bibellesen,
damit Ihnen nichts von den Schätzen entgeht,
die Jesus für Sie bereithält.

Hoffe auf den Herrn, sei stark, und dein Herz fasse Mut – ja, hoffe auf den Herrn!

Psalm 27,14 (NG)

Unsre Seele hofft auf den Herrn; er ist für uns Schild und Hilfe. Ja, an ihm freut sich unser Herz, wir vertrauen auf seinen heiligen Namen.

Psalm 33,20f. (EÜ)

Ich setze meine ganze Hoffnung auf den Herrn; voller Sehnsucht warte ich darauf, dass er zu mir spricht. Ja, ich warte auf den Herrn, mehr als die Wächter auf den Morgen!

Psalm 130,5f. (HfA)

Eine Hoffnung, die sich schon sichtbar erfüllt hat, ist keine Hoffnung. Ich kann nicht erhoffen, was ich vor Augen habe. Wenn wir aber auf etwas hoffen, das wir noch nicht sehen können, dann heißt das, dass wir beharrlich danach Ausschau halten. Aber ebenso wie wir seufzt und stöhnt auch der Geist Gottes, der uns zu Hilfe kommt. Wir sind schwache Menschen und unfähig, unsere Bitten in der rechten Weise vor Gott zu bringen. Deshalb tritt sein Geist für uns ein mit einem Stöhnen, das sich nicht in Worte fassen lässt.

Römer 8,24-26 (GN)

Der Herr wartet sehnlich darauf, euch zu begnadigen. Er wird sich erheben, um euch sein Erbarmen zu zeigen. Denn der Herr ist ein gerechter Gott. Glücklich ist, wer auf ihn vertraut.

Jesaja 30,18 (NL)

Rein ins Wasser

Ich weiß noch genau, wo ich saß, als mich diese Nachricht erreichte. Es war oben auf dem Hügel unweit des Hauses, das Barry und ich im kalifornischen Laguna Iguel gemietet hatten. Wir haben diesen Hügel jeden Morgen und jeden Abend erstiegen mit Bentley, unserem Golden Retriever. Barry und ich waren seit eineinhalb Jahren verheiratet, und ich war schwanger und sah dem 40. Geburtstag entgegen, also dauerte der Aufstieg jeden Tag ein wenig länger.

Unsere Ehe war in einem glücklichen, romantischen Stadium, aber finanziell ging es uns elend. Barry hatte einen Job aufgegeben und suchte eine andere Stelle, und unsere Ersparnisse schwanden zusehends. Aber einige Wochen vor dieser abendlichen Wanderung war ich eingeladen worden, die Anbetungszeiten bei einer Serie neuer Konferenzen unter dem Titel „Women of Faith“ zu leiten. Ich war versucht zuzusagen, denn das lief auf reguläre Einkünfte für zumindest ein Jahr hinaus, aber ich wusste auch, dass ich für Lobpreisleitung nicht sonderlich begabt war. Also hatte ich dankend abgesagt und eine Frau empfohlen, die ich kannte.

Unser tägliches Gebet damals war: „Herr, wir verlassen uns auf dich und glauben dir, auch wenn wir nichts sehen können.“

Dann, als gerade die Sonne unterging, klingelte mein Handy. Das Gespräch drehte sich wieder um diese neuartige Frauenkonferenz, und ich sagte: „Ja, ich bin schon vor ein paar Wochen angefragt worden, aber ganz ehrlich: Ich bin keine Anbetungsleiterin."

„Das ist es nicht, weshalb ich anrufe", sagte die Dame am anderen Ende der Leitung. „Ich möchte Sie bitten, das Team der Rednerinnen zu verstärken."

Gerade noch hatten Barry und ich ernsthaft überlegt, ob man Wegwerfwindeln nicht doch wiederverwenden kann, und nun hatten wir allen Grund, Gott zu danken für dieses wunderbare, unerwartete Geschenk. Wir empfanden es als Wunder: Gott hatte uns einen Weg aus unserer finanziellen Misere herausgewiesen, so wie er einst das Schilfmeer vor den Israeliten geteilt hatte.

Aber Gott wiederholt ein solches Wunder nicht notwendigerweise, wenn man das nächste Mal in der Klemme steckt. Ich schreibe das am Ende eines anstrengenden Tages. Ich bin mit meinem „Women of Faith"-Team nun seit achtzehn Jahren unterwegs, aber kürzlich ist mir klar geworden aufgrund von Einsichten beim Bibellesen, von Gesprächen mit Freunden, die einen guten Draht zu Gott haben, und von Wirkungen des Heiligen Geistes, dass es Zeit wird weiterzuziehen.

„Aber was kommt als Nächstes, Herr?", habe ich erst heute Vormittag gefragt. „Kannst du mir zeigen, wo du mich in Zukunft einsetzen willst?"

Alles, was ich in mir hörte, war: „Steig ins Wasser."

„Ich trage Verantwortung, Herr. Wir müssen Rechnungen bezahlen und haben einen Sohn, der aufs College will."

„Steig ins Wasser."

Als die Israeliten vor dem verheißenen Land am Jordanufer standen, war zum zweiten Mal in ihrer Geschichte Wasser das Hindernis, das es zu überwinden galt. Aber bevor Gott diesmal den Weg bahnte, mussten sich seine Leute nasse Füße holen. Erst als sie ins Wasser stiegen – erst als sie buchstäblich diesen Glaubensschritt taten und Gott vertrauten – erst da teilte er die Fluten vor ihnen.

Geht es Ihnen wie mir, stehen Sie vor einem Fluss, der aussieht, als wäre er unmöglich zu überqueren? Ich bin bereit, ins Wasser zu steigen im Vertrauen auf Gott. Ich will es ihm überlassen, was dabei herauskommt. Wollen Sie mich begleiten?

Der Fluss wirkt unüberquerbar –
bis Sie den Fuß ins Wasser setzen.

Die tägliche Ration Bibel

Die Priester werden die Lade Gottes – des Herrn der ganzen Erde – tragen. Sobald sie mit ihren Füßen im Jordan sind, wird das Wasser, das von oben herabfließt, wie ein Damm stehen bleiben, und der Fluss wird sich stauen.

Josua 3,13 (NL)

Vertraue von ganzem Herzen auf den Herrn und verlass dich nicht auf deinen Verstand. Denke an ihn, was immer du tust, dann wird er dir den richtigen Weg zeigen.

Sprüche 3,5f. (NL)

Der Herr ist meine Stärke und mein Schild. Auf ihn habe ich vertraut, darum wurde mir geholfen. Deshalb ist mein Herz voll Freude und Jubel, ich will ihn preisen mit meinem Lied. Der Herr ist Stärke und Schutz für sein Volk; seinen gesalbten König umgibt er wie eine sichere Festung, die ihm Rettung bringt.

Psalm 28,7f. (NG)

Ich bin mit Christus gekreuzigt worden; nicht mehr ich lebe, sondern Christus lebt in mir. Soweit ich aber jetzt noch in dieser Welt lebe, lebe ich im Glauben an den Sohn Gottes, der mich geliebt und sich für mich hingegeben hat.

Galater 2,20 (EÜ)

Die Last ablegen

Stellen Sie sich vor: Es ist Sonntagmorgen, und Sie haben sich auf den Weg zum Gottesdienst gemacht. Fast hätten Sie es nicht geschafft – Sie waren zuletzt so müde, so mutlos. Aber sie haben sich einen Kaffee für unterwegs eingeschenkt und sind losgefahren. Die Radiostation spielt einen vertrauten Song – der hoffnungsvolle Text erscheint Ihnen etwas unwirklich. Als Sie auf den Parkplatz vor der Kirche einbiegen, sehen Sie Familien, die offensichtlich sorgenfrei auf die Kirchentür zusteuern. Sie schnappen sich Ihre Handtasche, setzen Ihr freundliches Sonntagsgesicht auf und folgen ihnen.

Da, auf einmal, fühlen Sie diese Last, die Sie beschwert. Sie schauen an sich herunter, und der Ballast Ihres ganzen Lebens, all die Dinge, die Sie innerlich mit sich herumschleppen, wird sichtbar. Und der Anblick ist nicht leicht auszuhalten.

Furcht
Scham
Unsicherheit
Enttäuschung
Selbstanklagen
… und einiges mehr. Es ist alles da!

Panisch und rätselnd, wie Sie sich verhalten sollen, schauen Sie sich um und entdecken, dass alle anderen ebenfalls Ballast an sich haben. Alle werden schier erdrückt von Dingen, die sie schon seit langer Zeit beerdigt glaubten. Dann beginnt der

Gottesdienst, Sie schleppen Ihr Gepäck zum nächsten freien Platz und setzen sich.

Aus dem vorderen Teil der Kirche dringt eine Stimme an Ihr Ohr. Es ist nicht die Stimme Ihres Pastors, der sitzt auf seinem Platz und ist genauso niedergedrückt wie jeder andere auch. Ihnen wird klar: Es ist Jesus, der da spricht.

Kommt zu mir, ihr alle, die ihr euch plagt und von eurer Last fast erdrückt werdet; ich werde sie euch abnehmen. Nehmt mein Joch auf euch und lernt von mir, denn ich bin gütig und von Herzen demütig. So werdet ihr Ruhe finden für eure Seele. Denn das Joch, das ich auferlege, drückt nicht, und die Last, die ich zu tragen gebe, ist leicht. (Matthäus 11,28-30; NG)

Diese Worte werden mit Schweigen quittiert.

Dann steht ein älterer Mann auf, schleppt sein Gepäck zu dem großen Kreuz und lässt es dort liegen. Ein junges Paar macht es ihm nach. Mehr und mehr Menschen machen sich auf zu Jesus, um ihren Ballast bei ihm abzuladen.

Werden Sie auch nach vorne gehen?

Werden Sie Jesus beim Wort nehmen und sich auf diesen erstaunlichen Tausch einlassen?

Sie müssen Ihren Ballast nicht eine Minute länger tragen!

Das Joch, das Jesus bereithält, ist erträglich,
und seine Last ist leicht.

Die tägliche Ration Bibel

Kommt zu mir, ihr alle, die ihr euch plagt und von eurer Last fast erdrückt werdet; ich werde sie euch abnehmen. Nehmt mein Joch auf euch und lernt von mir, denn ich bin gütig und von Herzen demütig. So werdet ihr Ruhe finden für eure Seele. Denn das Joch, das ich auferlege, drückt nicht, und die Last, die ich zu tragen gebe, ist leicht.

Matthäus 11,28-30 (NG)

Selbst junge Menschen ermüden und werden kraftlos, starke Männer stolpern und brechen zusammen. Aber alle, die ihre Hoffnung auf den Herrn setzen, bekommen neue Kraft. Sie sind wie Adler, denen mächtige Schwingen wachsen. Sie gehen und werden nicht müde, sie laufen und sind nicht erschöpft.

Jesaja 40,30f. (HfA)

Alle eure Sorgen werft auf ihn; denn er sorgt für euch.

1. Petrus 5,7 (GN)

Da wir von so vielen Zeugen umgeben sind, die ein Leben durch den Glauben geführt haben, wollen wir jede Last ablegen, die uns behindert, besonders die Sünde, in die wir uns so leicht verstricken. Wir wollen den Wettlauf bis zum Ende durchhalten, für den wir bestimmt sind.

Hebräer 12,1 (NL)

Die Fakten liegen auf dem Tisch

Manchmal kommt Barry, mein Mann, in Entscheidungsnot. Dann nämlich, wenn es um größere Einkäufe geht. Wenn er zum Beispiel ein neues Handy braucht, dann kann er Stunden in einem Fachmarkt verbringen und sich mit all den dort verfügbaren Geräten beschäftigen. Ich bin nicht so. Ich überlege, was ich brauche, dann ziehe ich los und besorge es mir. Fertig! Barry ist da anders – überlegter.

„An dem hier gefällt mir die Größe des Bildschirms", sagt er zum Beispiel. Ich nicke nur, denn ich weiß, dass ihm die Akkulaufzeit am anderen Gerät auch wichtig ist. Ich gehe einfach neben ihm her wie ein Wackeldackel auf einem langen, langen Spaziergang.

„Das hier hat gute Bewertungen bekommen", meint Barry, „aber auch ein paar vernichtende Kritiken."

„Ich frage mich, ob es dieses Modell auch in Schwarz gibt."

„Was glaubst du, was für Fotos macht das hier wohl?"

„Ist das da zu groß für meine Tasche?"

Schließlich – ich habe inzwischen innerlich die gesamte Partitur von Händels „Messias" geträllert – werde ich dann unausweichlich die Frage stellen: „Kannst du dich nicht einfach für eines entscheiden?"

Und Barry wird antworten: „Aber es liegen noch nicht alle Fakten auf dem Tisch."

Ich glaube, so ähnlich geht es uns oft in unserer Beziehung zu Gott. Wir wollen ihm in jeder Hinsicht vertrauen, aber wir wissen nicht, was das alles bedeuten könnte. Wir wollen Gottes Frieden erleben, aber wir sehen so viele Probleme überall, nah und fern. Wir wollen ja der Frau vergeben, die uns in der Kleingruppe angegriffen und bloßgestellt hat und kein bisschen Bedauern zeigt, aber wir sind uns nicht sicher, ob wir unsere Ansprüche aufgeben können.

Wenn der Maßstab allein die Güte, Gnade und Barmherzigkeit Gottes ist, dann wäre es vielleicht entschuldbar, wenn Sie und ich Gott nicht vertrauen, nicht seinen Frieden suchen, nicht vergebungsbereit sind und all die anderen Dinge nicht tun, zu denen er uns auffordert. Aber alle Fakten, die wir über Gott wissen müssen, liegen auf dem Tisch:

Gott ist souverän.
Gott ist Liebe
Gott ist Wahrheit.
Gott ist Weisheit.
Gott ist barmherzig.
Gott ist für uns.
Gott weiß alles.
Gott ist uns stets nah.

Mit all diesen Fakten auf dem Tisch haben wir eigentlich keinen Grund, nicht zu handeln. Wir haben keine Ausrede dafür, dass wir all den Geboten Gottes nicht gehorchen. Schließlich sind die Gebote zu unserem Besten.

Die Fakten liegen auf dem Tisch:
Wir haben keinen Grund, Gott nicht zu vertrauen!

Lass den Herrn deinen Weg bestimmen, vertrau auf ihn, und er wird handeln.

Psalm 37,5 (NG)

Meine Kinder, unsere Liebe darf sich nicht in Worten und schönen Reden erschöpfen; sie muss sich durch unser Tun als echt und wahr erweisen. Wenn das der Fall ist, wissen wir, dass wir auf der Seite der Wahrheit stehen. Zudem können wir damit unser Herz vor Gott zur Ruhe bringen. Denn wann immer unser Gewissen uns anklagt, dürfen wir wissen: Gott in seiner Größe ist barmherziger als unser eigenes Herz, und ihm ist nichts verborgen.

1. Johannes 3,18-20 (NG)

Bei allem, was ihr tut, hütet euch vor Nörgeleien und Zweifel. Dann wird euer Leben hell und makellos sein, und ihr werdet als Gottes vorbildliche Kinder mitten in dieser verdorbenen und dunklen Welt leuchten wie Sterne in der Nacht.

Philipper 2,14f. (HfA)

Ich habe euch vor Augen geführt, Geschwister, wie groß Gottes Erbarmen ist. Die einzige angemessene Antwort darauf ist die, dass ihr euch mit eurem ganzen Leben Gott zur Verfügung stellt und euch ihm als ein lebendiges und heiliges Opfer darbringt, an dem er Freude hat. Das ist der wahre Gottesdienst, und dazu fordere ich euch auf. Richtet euch nicht länger nach den Maßstäben dieser Welt, sondern lernt, in einer neuen Weise zu denken, damit ihr verändert werdet und beurteilen könnt, ob etwas Gottes Wille ist – ob es gut ist, ob Gott Freude daran hat und ob es vollkommen ist.

Römer 12,1f. (NG)

Wenn jemand zu Christus gehört, ist er eine neue Schöpfung. Das Alte ist vergangen; etwas ganz Neues hat begonnen!

2. Korinther 5,17 (NG)

Wer bin ich wirklich?

Dort in der Praxis des Psychiaters war mir zumute, als ob mein pochendes Herz zerspringen müsste.

Ich war am Abend zuvor ins Northern Virginia Doctors Hospital eingeliefert worden und wartete in der psychiatrischen Abteilung. Ich hatte über eine längere Zeit meines Lebens mit Depressionen zu kämpfen, hatte das aber nie so benennen können. Ich dachte immer, ich sei eine melancholische Persönlichkeit, und diese Traurigkeit sei in meine DNA eingeschrieben. Aber nach Monaten, in denen es mir vorgekommen war, als würde jeden Tag etwas mehr von mir verschwinden, hatte ich mich schließlich ratsuchend an einen Freund gewandt, und der hatte mich hierhergebracht.

„Wer sind Sie?“, fragte der Arzt.

Ich hielt das für eine dumme Frage. Ich sah meinen Namen deutlich auf seinem gelben Notizblock prangen.

„Ich bin Sheila Walsh“, sagte ich.

„Ihren Namen kenne ich, Sheila“, antwortete er freundlich. „Aber wer sind Sie?“

Eine Fangfrage!, dachte ich. „Ich bin Moderatorin des *700 Club.*“

„Ich habe nicht gefragt, was Sie machen, Sheila. Ich habe gefragt, wer Sie sind.“

Das saß. Ich flüsterte: „Ich weiß es nicht.“

„Sehen Sie“, meinte er, „deshalb sind Sie hier.“

Mein schlimmster Albtraum als Teenager war, dass ich im

Irrenhaus enden würde. Mein Vater war 34, als er aus der Einrichtung entwich, wo man ihn festgehalten hatte, und setzte seinem Leben ein Ende. Wenn ich nun, mehr als zwanzig Jahre später, zurückblicke, dann kann ich mit Bestimmtheit sagen, dass mich Gottes Gnade in diese psychiatrische Abteilung geführt hat.

Wenn wir mit unseren schlimmsten Befürchtungen konfrontiert werden, dann können wir entdecken, dass Jesus uns gerade dort beisteht. Ich habe damals am ersten Abend in der Klinik in mein Tagebuch geschrieben: „Ich habe nicht geahnt, dass du, Jesus, so nah am Boden lebst." Einen Monat lang durchlief ich einen schmerzhaften Prozess, in dem die Schichten, mit denen ich mich zu meinem eigenen Schutz umgeben hatte, abgeschält wurden. Dieser Prozess erwies sich als ein Geschenk.

An dem Tag, als ich entlassen wurde, rief mir mein Arzt aus dem Fenster seines Büros zu: „Sheila, wer sind Sie?"

Ich antwortete aus vollem Hals: „Ich bin Sheila Walsh, Tochter des Königs der Könige."

Manchmal wird Gott Sie in ein Gefängnis führen,
damit er Sie befreien kann.

Die tägliche Ration Bibel

Seid mutig und stark! Habt keine Angst, und lasst euch nicht von ihnen einschüchtern! Der Herr, euer Gott, geht mit euch. Er hält immer zu euch und lässt euch nicht im Stich!

5. Mose 31,6 (HfA)

Ich bin überzeugt, dass weder Tod noch Leben, weder Engel noch unsichtbare Mächte, weder Gegenwärtiges noch Zukünftiges, noch gottfeindliche Kräfte, weder Hohes noch Tiefes, noch sonst irgendetwas in der ganzen Schöpfung uns je von der Liebe Gottes trennen kann, die uns geschenkt ist in Jesus Christus, unserem Herrn.

Römer 8,38f. (NG)

Allen, die ihn aufnahmen und ihm Glauben schenkten, verlieh er das Recht, Kinder Gottes zu werden. Das werden sie nicht durch natürliche Geburt oder menschliches Wollen und Machen, sondern weil Gott ihnen ein neues Leben gibt.

Johannes 1,12f. (GN)

Ihr werdet nicht aufgrund eurer guten Taten gerettet, damit sich niemand etwas darauf einbilden kann. Denn wir sind Gottes Schöpfung. Er hat uns in Christus Jesus neu geschaffen, damit wir zu guten Taten fähig sind, wie er es für unser Leben schon immer vorgesehen hat.

Epheser 2,9f. (NL)

Gott selbst hat unser und euer Leben auf ein festes Fundament gestellt, auf Christus, und uns mit seinem Geist erfüllt. So drückte er uns sein Siegel auf, wir sind sein Eigentum geworden. Das Geschenk des Geistes in unseren Herzen ist Gottes sicheres Pfand dafür, dass er uns noch viel mehr schenken wird.

2. Korinther 1,21f. (HfA)

Keine Steinewerfer da

Eine erste kühle Brise kündigte den Herbst an, als ich für meinen Flug von Dallas nach San Antonio eincheckte. Die Strecke ist so kurz, dass man den Becher Diätcola kaum, dass man ihn bekommen hat, schon wieder zurückgeben muss.

Am Abend würde ich zu einer Gruppe von Frauen sprechen über den Weg von der Wut zur Wiederherstellung, von der Unversöhnlichkeit zur Freiheit. Ein großes Thema für einen Vortrag von gerade mal 45 Minuten, aber je mehr ich überlegte und darüber betete, was ich sagen sollte, umso klarer wurde es mir ... was auch das Gewicht der einen Tasche erklärte, die ich aufgeben musste.

„Haben Sie noch mehr Gepäckstücke?", fragte der Mann am Schalter.

„Nur das eine", sagte ich, „nur diese Reisetasche."

Er klebte das entsprechende Etikett auf die Tasche und beugte sich dann vor, um sie auf das Transportband zu legen.

Das Gewicht der Tasche verblüffte ihn. „Was haben Sie denn da drin?", fragte er. „Etwa Steine?"

„Da liegen Sie richtig", gab ich zurück.

Er schaute mich einen Moment lang an und entschied dann, dass ich wohl eine jener Frauen war, mit denen man besser nicht mehr als nötig Konversation pflegt.

Ich hatte sechshundertzehn kleine Kieselsteine in meiner Tasche, ein Hilfsmittel zur Veranschaulichung dessen, was ich am Abend über Vergebungsbereitschaft sagen wollte.

Jemandem vergeben kann eines der schwierigsten Dinge überhaupt sein. Wie vergibt man einem Ehepartner, der einen betrogen hat? Wie vergeben Sie jemandem, der Ihren Namen in den Dreck zieht? Wie kann man jemals dem betrunkenen Autofahrer vergeben, der ein Kind zu Tode gefahren hat? Wie vergibt man jemandem, dem sein Vergehen nicht leidtut? Das sind tiefe spirituelle Fragen, die wir hier im Diesseits wohl nie vollständig begreifen werden. Andererseits ist Vergebungsbereitschaft ja auch keine Frage der Einsicht, sondern eine Frage des Gehorsams.

Ich trage stets einen kleinen Stein bei mir, wo immer ich hingehe. Ich habe ihn bereits seit 28 Jahren, seit mich Gott buchstäblich auf die Knie gebracht hat aufgrund meiner Weigerung, einem Menschen zu vergeben, der mein Leben zerstört hatte. Als ich schließlich Gottes Gebot zu vergeben Folge leistete, wurde mir klar, dass mir die ganze Zeit ein Stein ins Knie geschnitten hatte. Nun trage ich diesen Stein bei mir, damit er mich stets an die Worte Jesu erinnert: „Wer unter euch ohne Sünde ist, der werfe den ersten Stein“ (Johannes 8,7; L).

Verpflichten Sie sich zu einem Leben
mit Vergebungsbereitschaft –
und suchen Sie sich einen Stein,
der Sie stets an dieses Versprechen erinnert.

Die tägliche Ration Bibel

Wenn ihr den Menschen ihre Verfehlungen vergebt, wird euer Vater im Himmel euch auch vergeben. Wenn ihr aber den Menschen nicht vergebt, wird euer Vater im Himmel euch eure Verfehlungen auch nicht vergeben.

Matthäus 6,14f. (NG)

Jesus bückte sich und schrieb mit dem Finger in den Staub. Aber sie ließen nicht locker und verlangten eine Antwort. Schließlich richtete er sich auf und sagte: „Wer von euch ohne Sünde ist, der soll den ersten Stein auf sie werfen!"

Johannes 8,6f. (NL)

Du, Herr, bist doch gütig und gern bereit zu vergeben, reich an Gnade gegenüber allen, die zu dir rufen.

Psalm 86,5 (NG)

Petrus wandte sich an Jesus und fragte: „Herr, wie oft muss ich meinem Bruder vergeben, wenn er immer wieder gegen mich sündigt? Siebenmal?" – „Nein", gab Jesus ihm zur Antwort, „nicht siebenmal, sondern siebenundsiebzigmal!"

Matthäus 18,21f. (NG)

Ertragt einander, und seid bereit, einander zu vergeben, selbst wenn ihr glaubt, im Recht zu sein. Denn auch Christus hat euch vergeben.

Kolosser 3,13 (HfA)

Ein guter Start in den Tag

Ich misstraue dem Weckdienst in Hotels. Ob der bestellte Anruf tatsächlich erfolgt, scheint von dem Bewusstseinszustand des Hotelangestellten abzuhängen, dem man den Auftrag erteilt. Wenn der Rezeptionist zum Beispiel gerade Stress mit seiner Freundin hat und ihr Name zufällig Sheila ist, dann bekomme ich den Weckruf entweder mitten in der Nacht – oder gar nicht. So programmiere ich mir lieber den Wecker auf dem Smartphone. Sicherheitshalber setze ich zwei Alarme. Den ersten auf die Zeit, wenn es eigentlich dran wäre aufzustehen. Den zweiten auf die Zeit, wenn ich nun wirklich raus aus den Federn muss. Ich bin kein Morgenmensch, folglich gehe ich den Tag eher langsam an.

Lange Zeit kämpfte ich mich aus dem Bett, überprüfte, ob unser Sohn schon wach war, duschte, schaltete die Nachrichten ein, man will ja informiert sein, und brühte mir einen Kaffee auf. Es ist nicht verkehrt, den Tag so zu beginnen, aber ich habe eine viel bessere Methode entdeckt. Mir ist klar geworden: Wenn das Erste, was ich in mich aufnehme, die Vorgänge draußen in der Welt sind, dann belegt mich das für den Rest des Tages mit Beschlag. Aber wenn ich meine Aufmerksamkeit und mein Herz zuerst dem Wort Gottes zuwende, dann erkenne ich, dass alles unter der Kontrolle meines gütigen, allmächtigen und liebevollen Vaters im Himmel steht. Es wird Sie nicht überraschen, dass diese neue Art, den Tag zu beginnen, einen großen Einfluss auf mein Leben hat.

Wenn ich aufwache, dann spreche ich mir selbst Psalm 143, Vers 8 (GN) zu – oder wenn Barry bereits wach ist, dann spreche ich es laut aus. Ich wiederhole den Vers einige Male. Das hat sich als ausgesprochen guter Start in den Tag erwiesen.

Frühmorgens sage mir deine Güte zu,
Meine Liebe ist fehlbar und endlich, aber Gottes Liebe hört nie auf.

denn ich setze mein Vertrauen auf dich.
Der Psalmist spricht hier von einer bewussten Absicht: Gottvertrauen ist ein Willensakt.

Zeig mir den rechten Weg;
Ich bete: „Zeige mir, Vater, welchen Weg ich heute gehen soll."

auf dich richte ich Herz und Sinn.
Ich sage: „Mein Leben gehört dir, Herr, und ich vertraue dir voll und ganz."

Eine gute Art, jeden neuen Tag zu beginnen, ist: das Wort Gottes aussprechen und Gott dafür danken.

Die tägliche Ration Bibel

Frühmorgens sage mir deine Güte zu, denn ich setze mein Vertrauen auf dich. Zeig mir den rechten Weg; auf dich richte ich Herz und Sinn.

Psalm 143,8 (GN)

Die Güte des Herrn hat kein Ende, sein Erbarmen hört niemals auf, es ist jeden Morgen neu! Groß ist deine Treue, o Herr!

Klagelieder 3,22f. (HfA)

Am Abend mögen Tränen fließen – am Morgen jubeln wir vor Freude.

Psalm 30,5 (GN)

Wie gut ist es, dir, Herr, zu danken und dich, du höchster Gott, zu besingen, schon früh am Morgen deine Gnade zu loben und noch in der Nacht deine Treue zu preisen.

Psalm 92,2 (HfA)

Früh am Morgen, als es noch völlig dunkel war, stand Jesus auf, verließ das Haus und ging an einen einsamen Ort, um dort zu beten.

Markus 1,35 (NG)

Nicht fallen lassen!

In vielen Familien werden besondere Erinnerungsstücke von schon länger verstorbenen Familienmitgliedern immer weitervererbt – ein Schmuckstück etwa, ein Porzellanservice, ein besonderes Buch. Ich habe einige solche bedeutungsvolle Schätze, aber nicht annähernd so viele, wie meine Mutter in ihrer Geschirrvitrine verwahrte. Zu ihrer Sammlung gehörte eine Vase, die ihr besonders lieb und teuer war. Jedes Frühjahr holte sie die Vase aus der Vitrine, wusch sie vorsichtig in einer Wanne mit warmem Seifenwasser und trocknete sie sorgfältig ab. Wenn sie die Vase dann wieder in der Vitrine drapierte, pflegte sie stets zu sagen: „Diese Vase ist von einer Generation zur nächsten weitergereicht worden." Diese Worte habe ich im Ohr, seit ich ein kleines Mädchen war.

Die Vase faszinierte mich, und so beschloss ich eines Tages – obwohl ich ja wusste, wie fein sie gearbeitet war –, die Vase genauer zu inspizieren. Ich hatte gehört, dass das feinste Porzellan fast durchsichtig ist, wenn man es gegen das Licht hält. Also nahm ich die Vase sehr vorsichtig aus der Vitrine und hielt sie gegen das Licht, das durchs Fenster strömte. „So schön", sagte ich leise zu mir selbst, aber noch ehe die Worte meine Lippen verlassen hatten, rutschte mir die Vase aus den Fingern und zerbarst in hundert Scherben, die überall auf dem Teppich des Wohnzimmers zerstreut waren.

„Ich werde ausziehen müssen", überlegte ich, aber da ich erst dreizehn war, erschienen meine Überlebensaussichten nicht sehr verheißungsvoll. Also hatte ich keine Wahl, ich musste das Malheur auf mich nehmen.

„Mama“, begann ich, mit dem Herzen in der Magengrube. „Du kennst die Vase, die von einer Generation zur nächsten weitergereicht wurde?“

„Natürlich“, sagte sie.

„Nun ... diese Generation hat sie gerade fallen gelassen.“

So absurd es klingt, aber dieses Statement hat mich all die Jahre hindurch begleitet, und in letzter Zeit ist es mir zum leidenschaftlichen Gebet geworden: Ich will nicht, dass wir die Generation sind, „die es fallen lässt“!

Sie und ich leben in bedrohlichen Zeiten. Die Nachrichten aus Übersee klingen von Tag zu Tag besorgniserregender, und selbst in den westlichen Gesellschaften werden die Freiheiten und Rechte, die wir als Christen genießen, Stück für Stück infrage gestellt. Aber wenn wir uns genötigt sehen, uns an Maßstäbe anzupassen, die den Prinzipien unseres Glaubens widersprechen, dann geraten wir womöglich in die Versuchung, nur noch stillzuhalten und auf den jüngsten Tag zu warten, wenn Jesus uns rettet.

Ich für mein Teil will keine schweigende Beobachterin des Niedergangs der Christenheit sein. Ich möchte meinen Glauben selbstbewusst vertreten – nicht mit banalen Sprüchen auf Stickern oder T-Shirts oder mit leicht zu widerlegenden Klischees, sondern mit Liebe und Barmherzigkeit, die die Menschen auf Jesus hinweisen.

Was also können wir tun, um im Glauben standzuhalten und nicht den Auftrag fallen zu lassen, den Gott uns gegeben hat? Die größte Hilfe, die wir haben, ist Gottes Kraft, die uns einerseits durch den Heiligen Geist zufließt, der in uns lebt, und andererseits durch Gottes Wort in der Bibel.

Gottes Wort ist schärfer als jedes
zweischneidige Schwert, aber es bleibt nutzlos,
wenn wir uns nicht erinnern können,
wo wir es abgelegt haben.

Die tägliche Ration Bibel

Wer weiß, ob du nicht genau um dieser Gelegenheit willen zur Königin erhoben worden bist?

Esther 4,14 (NL)

Gottes Wort ist lebendig und voller Kraft. Das schärfste beidseitig geschliffene Schwert ist nicht so scharf wie dieses Wort, das Seele und Geist und Mark und Bein durchdringt und sich als Richter unserer geheimsten Wünsche und Gedanken erweist.

Hebräer 4,12 (NG)

Greift zu allen Waffen, die Gott für euch bereithält! Wenn dann der Tag kommt, an dem die Mächte des Bösen angreifen, seid ihr gerüstet und könnt euch ihnen entgegenstellen. Ihr werdet erfolgreich kämpfen und am Ende als Sieger dastehen. Stellt euch also entschlossen zum Kampf auf! Bindet den Gürtel der Wahrheit um eure Hüften, legt den Brustpanzer der Gerechtigkeit an und tragt an den Füßen das Schuhwerk der Bereitschaft, das Evangelium des Friedens zu verbreiten. Zusätzlich zu all dem ergreift den Schild des Glaubens, mit dem ihr jeden Brandpfeil unschädlich machen könnt, den der Böse gegen euch abschießt. Setzt den Helm der Rettung auf und greift zu dem Schwert, das der Heilige Geist euch gibt; dieses Schwert ist das Wort Gottes.

Epheser 6,13-17 (NG)

Dein Wort ist meines Fußes Leuchte und ein Licht auf meinem Weg.

Psalm 119,105 (S)

Jesus steht Ihnen bei

Haben Sie je daran gezweifelt, dass Gott mit Ihnen ist?

Schauen Sie manchmal auf den Kontoauszug und den Stapel Rechnungen und fragen sich, ob Gott vergessen hat, wo Sie wohnen?

Haben Sie manchmal das Gefühl, Sie stecken in einem dunklen Loch und fragen sich, ob Sie für immer verloren sind?

Wenn wir die Umstände des Lebens als Gradmesser dafür nehmen, ob Gott uns nah ist oder nicht, dann werden wir rasch in Panik geraten, wenn die See etwas rauer wird.

Markus beschreibt so eine Raue-See-Situation im vierten Kapitel seines Evangeliums. Die Jünger überqueren den See Genezareth mit Jesus zusammen in einem Boot, und weil Jesus müde ist vom stundenlangen Reden, schläft er ein. Als das Wetter immer stürmischer wird, geraten die Jünger in Panik. Sie wecken Jesus auf und fragen ihn: „Lehrer, kümmert es dich nicht, dass wir untergehen?“ (Markus 4,38; GN). Wenn Sie ein paar Zeilen zurückgehen zu Vers 35, dann werden Sie feststellen, dass die Jünger offensichtlich vergessen haben, was Jesus ihnen vorher gesagt hat. Nämlich: „Kommt, wir fahren zum anderen Ufer hinüber!“ Er hat nicht gesagt: „Lasst uns auf den See hinausfahren und dann ertrinken!“ Jesus wusste, dass sie diesen Sturm überleben würden.

Manchmal geht es uns ähnlich wie den Jüngern – wir vergessen, was uns zugesagt worden ist. Das christliche Leben ist in mancher Hinsicht vergleichbar mit so einer Bootsfahrt. Jesus hat uns gesagt, wo wir hinfahren sollen, aber manchmal spüren wir auf halbem Weg der Reise seine Gegenwart nicht mehr, und wir nehmen nur noch den bedrohlichen Sturm wahr. Der Apostel Paulus hat seinen Mitgläubigen gesagt: „Ich bin ganz sicher: Gott wird das gute Werk, das er bei euch angefangen hat, auch vollenden bis zu dem Tag, an dem Jesus Christus kommt“ (Philipper 1,6; NL). Paulus sagte nicht, er hoffe, dass es einmal so kommt, oder: solange sich die Weltlage nicht änderte, würde es so kommen. Vielmehr schrieb er: „Ich bin ganz sicher.“ Dieser Mann, der auf seinem Weg zur Erlösung eine blendende Begegnung mit dem auferstandenen Jesus Christus hatte, erinnert uns daran, dass Gott an unserem Leben zu arbeiten begonnen hat, und was Gott anfängt, das bringt er auch zu Ende.

Wenn sich das Leben gerade etwas rau anfühlt, erinnern Sie sich an die Zusagen, die Jesus gemacht hat. Sie sind nicht allein, denn er ist mit Ihnen im Boot.

Kein Sturm darf Sie davon abhalten,
dass Sie sich auf Jesus und seine Zusagen verlassen.

Die tägliche Ration Bibel

Am Abend sagte Jesus zu seinen Jüngern: „Kommt, wir fahren zum anderen Ufer hinüber!“

Markus 4,35 (GN)

Gott hat versprochen: „Ich lasse dich nicht fallen und verlasse dich nicht.“

Hebräer 13,5 (EÜ)

„Macht die Menschen zu meinen Jüngern ... und lehrt sie, alles zu befolgen, was ich euch geboten habe. Und seid gewiss: Ich bin jeden Tag bei euch, bis zum Ende der Welt.“

Matthäus 28,19f. (NG)

Gott ist meine feste Burg und macht meinen Weg sicher.

2. Samuel 22,33 (NL)

Da wir von so vielen Zeugen umgeben sind, die ein Leben durch den Glauben geführt haben, wollen wir jede Last ablegen, die uns behindert, besonders die Sünde, in die wir uns so leicht verstricken. Wir wollen den Wettlauf bis zum Ende durchhalten, für den wir bestimmt sind. Dies tun wir, indem wir unsere Augen auf Jesus gerichtet halten, von dem unser Glaube vom Anfang bis zum Ende abhängt. Er war bereit, den Tod der Schande am Kreuz zu sterben, weil er wusste, welche Freude ihn danach erwartete. Nun sitzt er an der rechten Seite von Gottes Thron im Himmel!

Hebräer 12,1f. (NL)

Willkommen bei der Königlichen Hoheit

Ich hatte meinen Knicks wochenlang geübt, und ich wusste, dass ich nicht sprechen durfte, bevor man mich nicht angesprochen hatte.

Ich hatte mich darauf vorbereitet, einen Galaabend in der Royal Albert Hall in London zu moderieren, bei dem auch ihre Königliche Hoheit Prinzessin Anne zugegen sein würde. Am Ende des Abends würden alle, die auf der Bühne agiert hatten, der Prinzessin vorgestellt werden, und wie man sich dabei zu verhalten hatte, das war mir sehr deutlich klargemacht worden.

„Nicht vergessen: Wenn sie Sie das erste Mal anspricht, müssen Sie sie ‚Eure Königliche Hoheit' nennen", schärfte mir der Palastbeamte ein. „Später können Sie dann einfach ‚Ma'am' sagen. Ist das klar?"

Es war klar!

Der Abend verlief reibungslos, bis wir zu der Vorstellung kamen. Ich war die zweite in der Reihe, und mein Herz raste. Prinzessin Anne sah beeindruckend aus in ihrem bodenlangen grünen Ballkleid und mit dem glitzernden Smaragd- und Diamantschmuck. Als sie auf mich zukam, war mein Kopf leer. Völlig leer.

Muss ich sie ‚Eure Majestät' nennen? Nein, das ist für die Queen! Ich war total in Panik.

Dann auf einmal stand Prinzessin Anne direkt vor mir und streckte mir ihre lilienweiße Hand entgegen. Ich brachte das einzige englische Wort heraus, das mir noch gegenwärtig war: „Hello!"

Hinter ihrer Schulter sah ich, wie mein königlicher Instrukteur scharf die Luft einsog.

Das war's dann wohl. Sie werden mich im Tower von London einkerkern, dachte ich.

Aber Prinzessin Anne drückte meine Hand und sagte ganz einfach: „Hello to you, too!"

Was für eine Erleichterung. Ich war so aufgeregt von der Vorstellung, einem Mitglied der königlichen Familie zu begegnen ... aber das wird gar nichts sein im Vergleich zu dem, wozu Sie und ich eingeladen sind! Wir haben das Vorrecht, dass wir den Thronsaal des allmächtigen Gottes betreten dürfen. Das sollte man sich ruhig zweimal sagen lassen, denn diese Tatsache ist uns vielleicht schon zu selbstverständlich: Wir haben das Vorrecht, dass wir den Thronsaal des allmächtigen Gottes betreten dürfen. Vielleicht schlagen unsere Herzen etwas schneller, wenn wir die Einladung annehmen, die im Hebräerbrief an uns ergeht: „Lasst uns zuversichtlich vor den Thron unseres gnädigen Gottes treten. Dort werden wir Barmherzigkeit empfangen und Gnade finden, die uns helfen wird, wenn wir sie brauchen" (Hebräer 4,16; NL). Jesus wird uns wohlwollend und liebevoll empfangen, ganz gleich, ob wir sprachlos sind oder nicht!

Leben Sie jeden Tag in dem Bewusstsein,
dass Sie ein geliebtes Kind des Königs der Könige sind,
stets willkommen in seiner Gegenwart!

Die tägliche Ration Bibel

Du, Herr, besitzt Größe, Kraft, Ruhm, Glanz und Majestät. Alles, was im Himmel und auf der Erde lebt, ist dein. Du bist König, der höchste Herrscher über alles.

1. Chronik 29,11 (HfA)

Herr, alle Herrscher der Erde sollen dich preisen, denn sie haben deine Zusagen gehört. Sie sollen dein Tun besingen und sagen: „Gewaltig ist die Macht des Herrn!"

Psalm 138,4f. (GN)

Erhebe dich, Herr, in deiner ganzen Stärke! Wir wollen deine Macht besingen und mit einem Psalmlied preisen.

Psalm 21,14 (NG)

Gott hat Jesus unvergleichlich hoch erhöht und hat ihm als Ehrentitel den Namen gegeben, der bedeutender ist als jeder andere Name. Und weil Jesus diesen Namen trägt, werden sich einmal alle vor ihm auf die Knie werfen, alle, die im Himmel, auf der Erde und unter der Erde sind. Alle werden anerkennen, dass Jesus Christus der Herr ist, und werden damit Gott, dem Vater, die Ehre geben.

Philipper 2,9-11 (NG)

Ein Krug voller Tränen

Als ich das Geschenk einer Freundin auspackte, war mir nicht wirklich klar, was das sein sollte. Das Glasfläschchen leuchtete kobaltblau, war etwa fünf Zentimeter hoch und mit silbernen Filigranarbeiten verziert.

Ich überlegte, ob es vielleicht ein Parfumflakon sein könnte – aber dafür erschien es mir zu klein. Des Rätsels Lösung fand sich in der begleitenden Notiz meiner Freundin. Es war ein „Lacrimarium" – ein Tränenglas, das sie in Israel in einem Antiquitätengeschäft entdeckt hatte. Ich machte mich ein wenig schlau und fand heraus, dass solche Tränengläser zur Zeit Jesu bei den Römern und Ägyptern verbreitet waren. Trauernde sollen angeblich ihre Tränen auf dem Weg zu den Grabstätten gesammelt haben, wo ihre Lieben bestattet waren. Ein berührendes Zeichen dafür, wie viel ihnen die Verstorbenen bedeutet hatten. Manchmal sollen Frauen sogar dafür bezahlt worden sein, dass sie einer Trauergesellschaft weinend folgen und ihre Tränen in einem solchen Gefäß sammeln. Je mehr Trauer und Tränen, umso wichtiger und geschätzter erschien die verstorbene Person. Angeblich wurden die Klageweiber am besten bezahlt, die am meisten Tränen produzierten und am lautesten jammerten.

Ich schätze diesen kleinen blauen Flakon, weil er mich an eine tiefe geistliche Wahrheit erinnert, von der David in Psalm 56 geschrieben hat. Er war damals an einem der Tiefpunkte seines Lebens. David war von den Philistern in Gat gefangen genommen worden (er hatte sich wahnsinnig gestellt, um zu überleben), aber was ihn tröstete, war die Gewissheit, dass Gott alles sah, was er durchmachen musste, und jede einzelne Träne zählte, die David vergoss. Ich bin beeindruckt von Davids Vertrauen auf Gottes Gnade und Treue, obwohl David selbst Gott ja nicht immer die Treue gehalten hatte. David wusste ohne jeden Zweifel, dass dem allmächtigen Gott nichts entgeht – kein Augenblick, keine Träne, kein Seufzer von einem seiner Kinder. Hilft diese Tatsache auch Ihnen, oder sind Sie unsicher, ob Gott Sie ebenso sehr liebt?

Wenn Sie irgendwo auf Ihrem Weg falsch abgebogen sind, erwarten Sie von Gott, dass er Ihnen seine Gnade vorenthält, bis Sie selbst wieder auf Kurs sind?

Das wäre ein anderer Gott, als David ihn kannte und als die Bibel ihn bezeugt. Wir haben einen Vater, der uns auf allen unseren Wegen begleitet und jede Träne sieht, die wir weinen. Wenn uns das ganz klar wird, dann können wir wie David mit Gewissheit sagen: „Das weiß ich, dass Gott für mich ist!" (Psalm 56,9; S).

Ihr himmlischer Vater kennt jeden Kampf, jede Anfechtung und weicht nicht von Ihrer Seite.

Die tägliche Ration Bibel

Sammle meine Tränen in deinen Krug; ich bin sicher, du zählst sie alle!

Psalm 56,8 (GN)

Der Herr hört sein Volk, wenn es ihn um Hilfe anfleht, und rettet es aus aller Not. Der Herr ist allen nahe, die verzweifelt sind; er rettet die, die den Mut verloren haben.

Psalm 34,18f. (NL)

Er heilt, die zerbrochenen Herzens sind, und verbindet ihre Wunden.

Psalm 147,3 (L)

Die mit Tränen säen, werden mit Jubel ernten.

Psalm 126,5 (EÜ)

Glückselig sind die Trauernden, denn sie sollen getröstet werden!

Matthäus 5,4 (S)

Die ganze Nacht hindurch

Ich war immer eine begeisterte Kinogängerin. Als Kind war ich lieber im Kino als irgendwo sonst. Nur an einen Film erinnere ich mich, von dem erwartete ich nicht viel. Ich war zwölf Jahre alt, und meine Mutter nahm meine Schwester Frances und mich mit in den Film *Die zehn Gebote.*

„Mama, ich mag ja die Bibel, aber ich fürchte, das könnte ein Langweiler werden“, gab ich zu bedenken.

Sie versicherte mir, sie habe nur Gutes über die Spezialeffekte gehört, und wir drei würden den Film mögen. Das überzeugte mich nicht wirklich.

Wir gingen in Green's Playhouse, das älteste Kino in unserer Stadt – was mir sehr passend erschien. Dieses Kino hatte lange Samtvorhänge, die aufgezogen wurden, um die Leinwand freizugeben. Bei den meisten Vorstellungen klappte das auch. Diesmal brauchte es zwei Männer und eine Leiter, um die Vorhänge zu öffnen. Als der Film endlich losging, war ich zu meiner eigenen Überraschung sofort gepackt.

Ich werde nie vergessen, mit welcher Spannung ich verfolgte, wie Charlton Heston – pardon, Mose – seinen Stab ausstreckte und das Rote Meer sich teilte. Das ging wesentlich einfacher als bei den Kinovorhängen. Es dauerte nur siebzehn Sekunden, dann war das Wasser geteilt (ich weiß das, weil ich den Film noch einmal gesehen und die Zeit gestoppt habe). Aber diese großartige Filmszene gibt nicht akkurat wieder, was damals Moses Bericht zufolge tatsächlich geschah.

„Der Herr ließ die ganze Nacht über einen starken Ostwind wehen, der das Wasser zurücktrieb. So verwandelte sich das Meer in trockenes Land“ (2. Mose 14,21; GN). *Die ganze Nacht über!*

Haben Sie schon mal gebetet und sich gewundert, warum es so aussieht, als ob Gott nichts tut? *Wir mit unseren menschlichen Augen nehmen nicht wahr, dass Gott die ganze Nacht* über *am Wirken ist!*

Haben Sie geweint um ein Kind, das einen zweifelhaften Weg eingeschlagen hat und keine Anstalten macht, jemals zurückzukehren? *Gott ist die ganze Nacht über am Wirken.*

Haben Sie um eine Stelle gebetet, damit Sie Ihre Familie versorgen können, und obwohl Sie Gott ihr Herz ausgeschüttet haben, scheint er taub für Ihren Hilferuf zu sein? *Gott ist die ganze Nacht über am Wirken.*

Gott allein weiß, wie lange die Nacht dauern wird, aber Sie können absolut sicher sein, dass er auch in der Dunkelheit am Wirken ist. Wenn Sie sich heute Nacht zur Ruhe begeben, laden Sie Ihre Sorgen bei ihm ab und schlafen Sie im festen Vertrauen, dass Gott am Wirken ist – Ihnen zugut!

Wenn es Ihnen vorkommt, als ob kein Grund zur Hoffnung besteht, erinnern Sie sich daran: Gott ist die ganze Nacht über am Wirken.

Die tägliche Ration Bibel

Mose streckte seine Hand über das Wasser aus; da ließ der Herr einen starken Ostwind aufkommen, der das Meer die ganze Nacht hindurch zurücktrieb und den Meeresboden zu trockenem Land machte.

2. Mose 14,21 (HfA)

Es ist aber der Glaube eine feste Zuversicht auf das, was man hofft, und ein Nichtzweifeln an dem, was man nicht sieht.

Hebräer 11,1 (L)

Herr, deine Güte reicht bis an den Himmel und deine Treue, so weit die Wolken ziehen!

Psalm 36,6 (GN)

Seht euch einmal unter den Völkern um! Ja, schaut genau hin, und ihr werdet aus dem Staunen nicht mehr herauskommen! Was ich noch zu euren Lebzeiten geschehen lasse, würdet ihr nicht für möglich halten, wenn andere es euch erzählten.

Habakuk 1,5 (HfA)

Wenn wir auf etwas hoffen, das wir noch nicht sehen, müssen wir mit Geduld und Zuversicht darauf warten.

Römer 8,25 (NL)

Dein Wort vergesse ich nicht

Beim Stöbern in einem Antiquariat fiel mir eines Tages ein Exemplar der *Pensées* (= Gedanken) von Blaise Pascal in die Hände. Ich wusste damals nicht viel über den Mann, aber aus irgendeinem Grund war ich angetan von dem Buch. Ich lernte bald, dass Pascal ein französischer Mathematiker und Physiker war, der eines Nachts eine dramatische Begegnung mit Gott hatte. Sie dauerte zwei Stunden und hat sein ganzes weiteres Leben geprägt. Pascal schrieb seine Erfahrungen auf ein Stück Papier und nähte es in das Futter seines Mantels ein. Wenn er einen neuen Mantel brauchte, zog das Papier mit um, sodass er es stets mit sich führte. Ich kenne nicht den ganzen Text, aber die folgenden Zeilen: „Feuer. Gott Abrahams, Gott Isaaks, Gott Jakobs", und dass er endet mit der zweiten Hälfte von Psalm 119,16: „Nie werde ich dein Wort vergessen. Amen" (HfA).

Als ich darüber nachdachte, dass Pascal lebenslang einen echten Denkzettel mit sich geführt hat, der ihn an seine heilige Erfahrung erinnern sollte, da fragte ich mich, wie Sie und ich etwas Vergleichbares in unserem Leben tun können. Was für Wahrheiten hat Gott uns offenbart, und wie können wir die Erinnerung daran bewahren?

Ich bin mit 16 in einer kleinen Baptistenkirche in Schottland getauft worden, und als ich ins Taufbecken stieg, wurde der folgende Vers gelesen:

Nicht ihr habt mich erwählt, sondern ich habe euch erwählt: Ich habe euch dazu bestimmt, zu gehen und Frucht zu tragen – Frucht, die Bestand hat. Wenn ihr dann den Vater in meinem Namen um etwas bittet, wird er es euch geben, was immer es auch sei.

(Johannes 15,16; NG)

Seit jenem Tag habe ich mich immer dann auf diese Aussage gestützt, wenn ich meine Fähigkeiten oder meine Brauchbarkeit in meinem Dienst infrage gestellt sah. Gott hat mich erwählt. Er hat mich dazu bestimmt loszugehen. Den Rest kann ich ihm überlassen.

Vielleicht haben auch Sie einen Bibelvers, den Sie an einem wichtigen Punkt Ihres Lebens ausgewählt oder zugesprochen bekommen haben – bei der Taufe, als Trautext oder als Sie zum Glauben gekommen sind. Vielleicht hat Gott Ihnen auch eine Aussage geschenkt, als Sie in einer finsteren, schwierigen Lage waren – eine Rettungsleine, die Ihnen bis zum Morgen durchgeholfen hat. Wenn Sie kein besonderes Bibelwort haben, dann können Sie Gott bitten, dass er Ihnen eines schenkt. Er möchte, dass Sie seiner Gegenwart und Liebe bewusst durchs Leben gehen. Und er kann sein Wort dafür nutzen, dass das auch geschieht.

Nie werde ich dein Wort vergessen.

Die tägliche Ration Bibel

Nachts auf meinem Lager denke ich an dich, stundenlang sinne ich über dich nach.

Psalm 63,7 (NG)

Ich denke an deine Taten, Herr, deine Wunder von damals mache ich mir bewusst.

Psalm 77,11 (GN)

Tief präge ich mir dein Wort ein, damit ich nicht vor dir schuldig werde.

Psalm 119,11 (HfA)

Glücklich zu preisen sind alle, deren Lebensweg untadelig ist, die den Weg gehen, den das Gesetz des Herrn zeigt. Glücklich sind, die auf alles achten, was er in seinem Wort bezeugt, die von ganzem Herzen nach ihm fragen, die kein Unrecht tun, sondern auf Gottes Wegen gehen.

Psalm 119,1-3 (GN)

Reinige sie und heilige sie, indem du sie deine Worte der Wahrheit lehrst. Wie du mich in die Welt gesandt hast, so sende ich sie in die Welt.

Johannes 17,17f. (NL)

Die alles umschließende Liebe

Eine schöne eintägige Bibelkonferenz lag hinter mir. Ich wollte mich gerade auf den Heimweg machen, als ich am Ende des Saals eine junge Frau etwas unentschlossen herumstehen sah. Ich ging zu ihr hin und sagte: „Danke, dass Sie gekommen sind."

„Nein, ich muss Ihnen danken!", sagte sie. „Und ... ich möchte Ihnen etwas geben." Sie reichte mir ein Armband mit fünf Reihen aus goldenen und silbernen Perlen.

„Danke vielmals, das ist ja richtig schön."

Ihre Augen füllten sich mit Tränen. „Ich habe dieses Armband lange getragen, um das hier zu verdecken", sagte sie und schob dabei den linken Ärmel ihres Pullis hoch. „Vor ein paar Jahren habe ich versucht mich umzubringen. Ich habe mich so dafür geschämt, dass ich mir das Armband angezogen habe, damit man die Narben nicht sieht."

Ich umarmte sie. „Warum geben Sie das Band jetzt mir?"

„Weil ich mich nicht mehr schämen muss! Das habe ich jetzt endlich verstanden. Ich muss mich überhaupt nicht schämen!"

Gott hatte ihr das Herz geöffnet für seine überwältigende Gnade und für die Wirklichkeit seiner allumfassenden Liebe. Bei Gott können wir all das loslassen, was wir jemals getan oder zu tun versäumt haben, alles, was wir bedauern, gesagt oder verschwiegen zu haben. Wenn wir erst einmal mit Gott in Beziehung sind, bringt er uns in Bewegung, frei von Sünde und frei von Scham. Aber nur zu oft erscheint uns richtiger, an unserer Scham festzuhalten. Wir *haben* Schlechtes getan, und deshalb denken wir, dass wir schlecht *sind*. Wir vergessen dabei, dass Jesus am Kreuz dieser Art von Scham einen vernichtenden Schlag versetzt hat. Sie und ich, wir können frei sein.

Als Paulus seinen Brief an die Christen in Rom schrieb, war sein Herz randvoll von Gottes überwältigender Liebe. Davon hat er in aller Länge und Breite berichtet, und damit sprach er genau solche Leute an, die der Überzeugung waren, dass sie selbst für Gott unverzeihliche Sünden begangen hatten. Lassen Sie in Ihr Herz einsickern, was Paulus in Römer 8,39-39 kühn und zuversichtlich so ausdrückt: Absolut nichts kann uns von Gottes Liebe trennen. Sie sind geliebt, und Ihnen ist vergeben. Gehen Sie in Frieden.

Es gibt keinen Haken, kein Kleingedrucktes.
Absolut nichts kann Sie von Gottes Liebe trennen.

Die tägliche Ration Bibel

Ich bin überzeugt, dass weder Tod noch Leben, weder Engel noch unsichtbare Mächte, weder Gegenwärtiges noch Zukünftiges, noch gottfeindliche Kräfte, weder Hohes noch Tiefes, noch sonst irgendetwas in der ganzen Schöpfung uns je von der Liebe Gottes trennen kann, die uns geschenkt ist in Jesus Christus, unserem Herrn.

Römer 8,38f. (NG)

Wie köstlich ist deine Gnade, o Gott, dass Menschenkinder Zuflucht finden unter dem Schatten deiner Flügel!

Psalm 36,8 (S)

Gott, du bist reich an Liebe und Güte; darum erbarme dich über mich, vergib mir meine Verfehlungen!

Psalm 51,3 (GN)

Ich bitte Gott, dass er euch aus seinem unerschöpflichen Reichtum Kraft schenkt, damit ihr durch seinen Geist innerlich stark werdet und Christus durch den Glauben in euch lebt. In seiner Liebe sollt ihr fest verwurzelt sein; auf sie sollt ihr bauen. Denn nur so könnt ihr mit allen anderen Christen das ganze Ausmaß seiner Liebe erfahren, die wir doch mit unserem Verstand niemals fassen können. Dann wird diese göttliche Liebe euch immer mehr erfüllen.

Epheser 3,16-19 (HfA)

Seht doch, wie groß die Liebe ist, die uns der Vater erwiesen hat: Kinder Gottes dürfen wir uns nennen, und wir sind es tatsächlich!

1. Johannes 3,1 (NG)

Den Fluchtgedanken standhalten

„Das ist zu schwer. Mama, ich schaffe das nicht."

Was habe ich mit meinem Sohn gelitten. Sein erstes Jahr an der High School hatte unglaubliche Mengen Hausaufgaben, Recherchen und Schreibarbeiten mit sich gebracht. Ich kann mich nicht erinnern, dass ich in seinem Alter auch nur halb so viel zu tun gehabt hätte.

Ich schaute meinem Sohn in die großen braunen Augen. „Christian, Gott hat dich mit einem erstaunlichen Gehirn ausgestattet. Du bist clever, und du hast dich ins Zeug gelegt für deine guten Noten. Nun musst du halt noch eine Schippe tiefer graben. Wenn du dich nächstes Jahr fürs College bewirbst, wirst du die Früchte ernten können von dem, was du dieses Jahr gesät hast."

„Das ist aber noch so weit weg", sagte er mit einem schiefen Grinsen, als ich mich auf den Weg machte, um ihm etwas von seiner (für meinen Geschmack ungenießbaren) Lieblingslimonade zu kaufen.

Es fällt schwer, richtig in die Pedale zu treten, wenn die Ziellinie noch weit entfernt scheint. Es ist umso schwerer, wenn einen niemand anfeuert oder unterwegs mit den favorisierten Getränken versorgt, damit der Tank wieder aufgefüllt wird. Außerdem wird Durchhaltevermögen nicht hoch gehandelt in unserer Kultur, die von Mikrowellengeschwindigkeit und Anspruchsdenken geprägt ist. Wir wollen das, was wir wollen, genau dann, wenn wir es wollen. Gottes Wort erzählt uns stattdessen viel übers Weitermachen, wenn man eigentlich aufgeben möchte.

Ich bin über einen Zeitraum von mehr als dreißig Jahren viel unterwegs gewesen, und auch wenn ich das immer noch gern mache, ertappe ich mich manchmal bei dem Gedanken: „Das ist zu schwer. Ich packe das nicht mehr." Sobald mir das bewusst wird, schlage ich jenen Abschnitt im Hebräerbrief auf, wo so überzeugend beschrieben wird, wie Jesus Christus durchgehalten hat, unser größtes Vorbild überhaupt:

Da wir von so vielen Zeugen umgeben sind, die ein Leben durch den Glauben geführt haben, wollen wir jede Last ablegen, die uns behindert, besonders die Sünde, in die wir uns so leicht verstricken. Wir wollen den Wettlauf bis zum Ende durchhalten, für den wir bestimmt sind. Dies tun wir, indem wir unsere Augen auf Jesus gerichtet halten, von dem unser Glaube vom Anfang bis zum Ende abhängt. Er war bereit, den Tod der Schande am Kreuz zu sterben, weil er wusste, welche Freude ihn danach erwartete. Nun sitzt er an der rechten Seite von Gottes Thron im Himmel! Denkt an alles, was er durch die Menschen, die ihn anfeindeten, ertragen hat, damit ihr nicht müde werdet und aufgebt.

(Hebräer 12,1-3; NL)

Alle Augen auf Jesus! Denken Sie an das, was Jesus durchgemacht hat aus Liebe für Sie und für mich. Aus Liebe bis zum Tod. Sich bewusst zu machen, was Jesus Christus für uns getan hat – das ist wie ein Energydrink, der uns am Laufen hält.

Wann immer Sie Ihres Alltags oder Ihres Einsatzes für Jesus überdrüssig werden, machen Sie sich bewusst, was Jesus für Sie eingesetzt hat.

Die tägliche Ration Bibel

Wir danken Gott auch für die Leiden, die wir wegen unseres Glaubens auf uns nehmen müssen. Denn Leid macht geduldig, Geduld aber vertieft und festigt unseren Glauben, und das wiederum gibt uns Hoffnung. Und diese Hoffnung geht nicht ins Leere. Denn uns ist der Heilige Geist geschenkt, und durch ihn hat Gott unsere Herzen mit seiner Liebe erfüllt.

Römer 5,3-5 (HfA)

Dankt dem Herrn, denn er ist gut zu uns, seine Liebe hört niemals auf!

1. Chronik 16,34 (GN)

Bemüht euch nicht um vergängliche Nahrung, sondern um wirkliche Nahrung, die für das ewige Leben vorhält. Diese Nahrung wird euch der Menschensohn geben, denn ihn hat Gott, der Vater, als seinen Gesandten bestätigt.

Johannes 6,27 (GN)

Die Gesetzlosigkeit wird immer mehr überhandnehmen und die Liebe wird bei vielen erkalten. Doch wer bis zum Ende durchhält, wird gerettet werden.

Matthäus 24,12f (NL)

Gott segnet denjenigen, der die Prüfungen des Glaubens geduldig erträgt. Wenn er sich bewährt hat, wird er das ewige Leben empfangen, das Gott denen versprochen hat, die ihn lieben.

Jakobus 1,12 (NL)

Amazing Grace

„Wir sollten sie ‚Amazing Grace' nennen", schlug Christian vor. „Das ist ein toller Name für eine Papageidame", entgegnete ich. „Wie kommst du darauf?"

„Weil sie dann bei der Beerdigung wissen wird, dass wir von ihr reden."

Jedes Mal, wenn wir eines von Christians Viechern zu Grabe tragen, erwartet er von mir, dass ich wenigstens zwei Strophen der Hymne „Amazing Grace" singe. Fische bekommen zwei Strophen, Hamster das komplette Lied, und als das letzte Stündlein unserer Katze Thomas O'Malley schlug, verlangte Christian ernsthaft, ich solle einen Dudelsackpfeifer engagieren! (Ich benutzte stattdessen eine CD.)

Am liebsten hat Christian die Zeile „I once was lost but now I'm found". Und das verstehe ich gut. Wir alle wollen wissen, wohin wir gehören, und wollen sicher sein, dass jemand nach uns sucht, wenn wir uns verirrt haben.

Eines der bekanntesten Gleichnisse von Jesus ist das von dem Jungen, der in die weite Welt hinaus zog – vom verlorenen Sohn. Die Geschichte wird das Publikum damals schockiert haben. Denn dass sich ein Sohn das Erbe auszahlen lässt, solange der Vater noch am Leben ist, galt als empörend. In jener Kultur wurden Väter hoch in Ehren gehalten. Ein Sohn, der seinen Vater um Geld anbettelte und das dann auf Parties verschleuderte, zeigte nicht das kleinste bisschen Respekt vor dem Vater. Die Geschichte enthielt noch ein Detail, das die

Hörerschaft von Jesus verstören musste: ein jüdischer Junge, der Schweine hütet! Er war zum Unreinen geworden, der unter unreinen Geschöpfen lebt.

Das Befremdlichste an dieser Geschichte war freilich nicht der undankbare Sohn, sondern der barmherzige Vater. „Der Vater sah ihn schon von weitem kommen und er hatte Mitleid mit ihm. Er lief dem Sohn entgegen, fiel ihm um den Hals und küsste ihn" (Lukas 15,20; EÜ).

Sie und ich lächeln vermutlich, wenn wir uns den von Freude erfüllten Vater vorstellen, wie er seinem Jungen entgegenläuft, aber für eine jüdische Zuhörerschaft war das undenkbar. Ein wohlhabender, respektierter Vater, eine Gestalt wie Abraham, hätte niemals die Kleider gerafft und wäre losgerannt. Schon gar nicht wegen eines Menschen, der Schande über die Familie gebracht hat. Dieses Gleichnis war also anstößig – und ist es heute noch. Die Barmherzigkeit Gottes erregt Ärgernis bei all denen, die meinen, dass sie – aus welchem Grund auch immer – die Liebe Gottes mehr verdient haben als andere.

Amazing Grace – how sweet the sound!

Die tägliche Ration Bibel

Der Sohn machte sich auf den Weg und ging zurück zu seinem Vater. Der erkannte ihn schon von weitem. Voller Mitleid lief er ihm entgegen, fiel ihm um den Hals und küsste ihn.

Lukas 15,20 (HfA)

Gott beweist uns seine Liebe dadurch, dass Christus für uns starb, als wir noch Sünder waren.

Römer 5,8 (NG)

Weil Gott so gnädig ist, hat er euch durch den Glauben gerettet. Und das ist nicht euer eigenes Verdienst; es ist ein Geschenk Gottes. Ihr werdet also nicht aufgrund eurer guten Taten gerettet, damit sich niemand etwas darauf einbilden kann.

Epheser 2,8f. (NL)

Aus seinem Reichtum hat der Sohn Gottes uns beschenkt, uns alle mit grenzenloser Güte überschüttet.

Johannes 1,16 (GN)

Mein Leben ist mir nicht wichtig. Vielmehr will ich den Auftrag ausführen, den mir Jesus Christus gegeben hat: die rettende Botschaft von Gottes Gnade und Liebe zu verkünden.

Apostelgeschichte 20,24 (HfA)

In die Knie gezwungen

Eine der schmerzlichsten Erfahrungen, die eine Frau durchmachen kann, ist die Auseinandersetzung mit der eigenen Kinderlosigkeit. Nicht jede Frau sehnt sich danach, Mutter zu werden. Aber Frauen, die sich Kinder wünschen und Monat für Monat die Enttäuschung erleben, dass es nicht klappt mit der Empfängnis, empfinden einen grausamen und unerbittlichen Schmerz.

Als ob das nicht schlimm genug wäre, wurde eine Frau in der Zeit des Alten Testaments auch noch mit der allgemeinen Ansicht belastet, dass Kinderlosigkeit ein Fluch sei, ein Zeichen, dass Gott über sie erzürnt sei – und ihr Mann ohne Stammhalter zu Recht unzufrieden.

Vor diesem Hintergrund spielt sich eine der bewegendsten Geschichten ab, die ich je gelesen habe: Die Geschichte von Hanna, der wir im 1. Buch Samuel, Kapitel 1 begegnen. Hanna war eine der beiden Ehefrauen von Elkana. Sie wird vom Autor des Buches folgendermaßen eingeführt: „Peninna hatte Kinder, aber Hanna war kinderlos geblieben“ (1. Samuel 1,2; NL). Damit ist alles gesagt.

Zu Hannas Schmerz kam noch die Grausamkeit der anderen Ehefrau: „Ihre Nebenbuhlerin Peninna machte sich über sie lustig, weil der Herr sie kinderlos gelassen hatte. Jahr um Jahr war es dasselbe – Pennina verhöhnte Hanna …“ (V. 6f). Eine solche fortgesetzte Tortur wird eine Frau zwangsläufig verändern. Entweder flüchtet sie sich mit ihrer Not an Gottes verständnisvolles Herz, oder aber sie zieht seine Liebe oder gar seine Existenz in Zweifel.

Welche Wahl hat Hanna in ihrer dunkelsten Nacht getroffen? Diese gebrochene Frau wusste, wohin mit ihrem Schmerz: „Hanna ging zum Heiligtum des Herrn“ (V. 9). Dort betete sie derart leidenschaftlich, dass Eli, der Priester, sie für betrunken hielt. Aber Hanna war nicht betrunken, sondern verzweifelt. Sie erklärte Eli: „Ich bin sehr traurig und habe dem Herrn mein Herz ausgeschüttet“ (V. 15).

Hanna hätte bitter werden und ihre Bitterkeit auf Peninna, Elkana und letztlich sogar auf Gott richten können. Stattdessen hat sie Gott ihre Not geklagt. Dasselbe können auch wir tun.

Wenn der Kummer Sie in die Knie zwingt,
machen Sie sich klar: Auf den Knien, vor Gott,
können Sie Ihre größte Stärke finden.

Die tägliche Ration Bibel

Den Erschöpften gibt [der Herr] neue Kraft, und die Schwachen macht er stark. Selbst junge Menschen ermüden und werden kraftlos, starke Männer stolpern und brechen zusammen. Aber alle, die ihre Hoffnung auf den Herrn setzen, bekommen neue Kraft. Sie sind wie Adler, denen mächtige Schwingen wachsen. Sie gehen und werden nicht müde, sie laufen und sind nicht erschöpft.

Jesaja 40,29-31 (HfA)

Wenn ihr zu mir umkehrt und stillhaltet, dann werdet ihr gerettet. Wenn ihr gelassen abwartet und mir vertraut, dann seid ihr stark.

Jesaja 30,15 (GN)

Die nach dem Willen des Herrn leben, rufen zu ihm, und er hört sie. Er befreit sie aus all ihrer Not.

Psalm 34,18 (NG)

Ladet alle eure Sorgen bei Gott ab, denn er sorgt für euch.

1. Petrus 5,7 (HfA)

Weisheit für die Weichenstellungen des Lebens

Kaum dass Christians letztes Jahr an der High School begonnen hatte, flatterten die Broschüren verschiedenster Colleges ins Haus. Die von kleineren Schulen listeten nur die Hauptfächer auf. Die Broschüren anderer Universitäten wetteiferten vom Umfang her mit Romanen wie *Krieg und Frieden*. Die bemerkenswerteste kam von einem pharmazeutischen College, sie hatte den Umriss einer großen Tablettenflasche, noch nicht einmal die Hinweise auf Nebenwirkungen fehlten:

Kann erfolgreiche Karrieren auslösen
Verbreitet winken hohe Einkommen
Führt zu sicheren Jobs

Dass sich die Marketingleute so etwas einfallen lassen, unterstreicht nur, wie wichtig die Weichenstellungen an einigen Punkten im Leben sein können: Bei welcher Universität soll ich mich bewerben? Sollen wir ein Haus bauen? Welches Jobangebot bringt mich weiter? Ist das der richtige Partner fürs Leben?

König Salomo, auf den der größte Teil des Buches der Sprüche zurückgeht, war vor allem für eines berühmt: „Gott schenkte Salomo große Weisheit und Einsicht und ein Wissen, so unermesslich wie der Sand am Meeresstrand. Salomo übertraf darin sogar die Weisen Arabiens und Ägyptens“ (1.

Könige 5,9f.; GN). Im Licht von Salomons „großer Weisheit und Einsicht“ finde ich es tröstlich, dass Gott uns gute Wege finden lassen wird, wenn wir uns anstatt auf unseren Verstand auf ihn verlassen und nach seinem Willen fragen.

Das Leben eines Gläubigen ist kein Drahtseilakt über einem bedrohlichen Abgrund oder über einem tiefen Canyon. Vielmehr können wir vertrauensvoll und Schritt für Schritt unseren Weg gehen mit dem liebenden Vater als Führer. Es verlangt ihn danach, uns seinen Willen und seine Gedanken zu zeigen … mehr, als wir denken.

Der gute Hirte will Sie mit seinem Willen,
mit seinen Gedanken vertraut machen. Fragen Sie ihn!

Die tägliche Ration Bibel

Vertraue von ganzem Herzen auf den Herrn und verlass dich nicht auf deinen Verstand. Denke an ihn, was immer du tust, dann wird er dir den richtigen Weg zeigen.

Sprüche 3,5f. (NL)

Leite mich, Herr, in deiner Gerechtigkeit, meinen Feinden zum Trotz; ebne deinen Weg vor mir!

Psalm 5,8 (EÜ)

Der Gott der Hoffnung erfülle euch mit aller Freude und mit allem Frieden im Glauben, damit ihr reich werdet an Hoffnung in der Kraft des Heiligen Geistes.

Römer 15,13 (EÜ)

Gott sagt in der Schrift: „Seht, ich verwende für das Fundament auf dem Zionsberg einen Grundstein von unschätzbarem Wert, den ich selbst ausgewählt habe. Wer ihm vertraut, wird vor dem Verderben bewahrt werden."

1. Petrus 2,6 (NG)

Den König anbeten

Zu den Motiven von Weihnachtskarten gehören üblicherweise Maria, Josef, der kleine Jesus in der Krippe, die Hirten, ein Haufen Nutztiere – und die Sterndeuter, die wir als die „Weisen aus dem Morgenland" kennen. Tatsächlich stießen diese Reisenden aus dem Osten erst später zu der Szene – vermutlich nicht, ehe Jesus krabbeln konnte. (Matthäus 2,11 zufolge besuchten die Weisen Jesus in einem Wohnhaus, nicht in einem Stall.) Vermutlich kamen sie aus Persien, dem heutigen Iran. Sie waren dem Stern von Bethlehem gefolgt und rund tausendfünfhundert Kilometer weit gereist. Warum?

Vielleicht kannten sie die Prophezeiung Bileams, der in ihrer Region gelebt hatte: „Ich sehe ihn, aber nicht jetzt; ich schaue ihn, aber nicht von nahem. Es wird ein Stern aus Jakob aufgehen und ein Zepter aus Israel aufkommen" (4. Mose 24,17; L).

Sie waren gebildet genug, um die Zeichen richtig zu deuten, und sie wussten, dass dieser kleine Junge der verheißene König war. Sie hatten König Herodes gefragt: „Wo ist der König der Juden, der kürzlich geboren wurde? ... Wir sind gekommen, um ihm Ehre zu erweisen" (Matthäus 2,2; NG).

Wir können Jesus nicht Gold, Weihrauch und Myrrhe schenken, wie es die weisen Männer taten. Aber wir können ihm das größte Geschenk machen, das die Weisen ihm ebenfalls darbrachten: Anbetung. Ob kniend mit gesenktem Kopf oder im Stehen mit erhobenen Armen, wir können ihn als den Einzigen bekennen, der Verehrung verdient. Anbetung ist nicht nur ein kostbares Geschenk an Gott, Anbetung verändert uns auch. Anbetung bringt uns in die richtige Haltung Jesus Christus gegenüber und rückt unseren Blickwinkel zurecht. Anbetung füllt unsere Herzen mit Liebe für ihn und unterstützt unseren Glauben wie nichts sonst.

Kein Wunder, dass die Weisen so einen Aufwand trieben, um zu Jesus zu kommen. Was für eine Ehre ist es, den König zu verehren, und was für eine Freude, ihn zu lieben!

O lasset uns anbeten den König!

Die tägliche Ration Bibel

„Wo ist der König der Juden, der kürzlich geboren wurde? Wir haben seinen Stern aufgehen sehen und sind gekommen, um ihm Ehre zu erweisen."

Matthäus 2,2 (NG)

Durch deine Liebe darf ich in dein Haus kommen, voll Ehrfurcht bete ich dich in deinem heiligen Tempel an.

Psalm 5,7 (NL)

Herr, wer darf sich aufhalten in deinem Heiligtum, wer darf wohnen auf deinem heiligen Berg? Jeder, der aufrichtig seinen Weg geht, der Gerechtigkeit übt und von ganzem Herzen die Wahrheit sagt.

Psalm 15,1f. (NG)

Erschrocken und doch voller Freude liefen die Frauen vom Grab weg. Sie gingen schnell zu den Jüngern, um ihnen die Botschaft des Engels zu überbringen. Da stand plötzlich Jesus selbst vor ihnen und sagte: „Seid gegrüßt!" Die Frauen warfen sich vor ihm nieder und umfassten seine Füße.

Matthäus 28,8f. (GN)

Weil ihr Gottes Barmherzigkeit erfahren habt, fordere ich euch auf, liebe Brüder und Schwestern, mit eurem ganzen Leben für Gott da zu sein. Seid ein lebendiges Opfer, das Gott dargebracht wird und ihm gefällt. Ihm auf diese Weise zu dienen ist die angemessene Antwort auf seine Liebe.

Römer 12,1 (HfA)

Das Beste, was wir tun können

Jimmy hat nie einen Gottesdienst ausgelassen. Ich lernte ihn in meinen Teenagerjahren in Schottland kennen, und ich erinnere mich gut, wie er dienstags in unseren Gebetsversammlungen betete. Jede Woche betete er für seine Frau und bat Gott, er möge ihr Sehnsucht nach Jesus ins Herz pflanzen. Der schöne nordische Akzent, mit dem Jimmy so leidenschaftlich von Jesus sprach, hat sich mir tief eingeprägt. Seine Frau war ein liebevolles Wesen, aber sie hatte nicht das geringste Interesse an Jimmys Kirchengemeinde, geschweige denn an Gott. Aber er betete weiter. Er hörte niemals auf damit. Und dann starb er.

Ich frage mich, ob Gott ihm wohl, als er ihn zu Hause willkommen hieß, erzählt hat, dass seine Gebete erhört wurden. Bei der Trauerfeier zu Jimmys Andenken betete seine Frau zu dem Erlöser, dem er sein ganzes Leben lang gedient hatte. Es blieb an jenem Tag kein Auge trocken in der Kirche, als wir die Frucht der ausdauernden Bemühungen eines Mannes sahen, der bedingungslos auf Gottes Verheißungen vertraut und nie zu beten aufgehört hatte.

Wenn wir über längere Zeit scheinbar folgenlos für einen Menschen beten, dann können wir versucht sein aufzugeben. Das wäre dem Feind Gottes natürlich recht, wenn wir der Lüge auf den Leim gehen, dass Beten nichts bringt. Aber genau das ist es: eine Lüge. In Lukas 18 erzählt Jesus von einer Witwe, die einem allzu bequemen Richter so lange auf die Nerven geht, bis er sich endlich um ihre Sache kümmert. Lukas schreibt dazu: „Jesus wollte seinen Jüngern zeigen, dass sie unablässig beten sollten, ohne sich entmutigen zu lassen“ (Lukas 18,1; NG).

Ich habe Menschen sagen hören: „Jetzt hilft nur noch Beten.“ Dabei ist Beten nicht das *Letzte*, was wir tun können, es ist das *Beste*, was wir tun können!

Gebet ist nicht die letzte Bastion,
es ist die erste und effektivste Angriffslinie.

Die tägliche Ration Bibel

In Jerusalem lebte damals auch eine Prophetin namens Hanna, eine Tochter Penuels aus dem Stamm Ascher. Sie war schon sehr alt. Nach siebenjähriger Ehe war ihr Mann gestorben; sie war Witwe geblieben und war nun vierundachtzig Jahre alt. Sie verbrachte ihre ganze Zeit im Tempel und diente Gott Tag und Nacht mit Fasten und Beten.

Lukas 2,36f. (HfA)

Gott hat mich wirklich erhört, mein Gebet hat er vernommen. Gelobt sei Gott, der mein Gebet nicht abgewiesen und mir seine Gnade nicht entzogen hat!

Psalm 66,19f. (NG)

Der Herr wird die Gebete der Hilflosen erhören und sich ihren Bitten nicht verschließen. Und dies soll für unsere Nachkommen aufgeschrieben werden, damit das Volk, das es dann geben wird, den Herrn lobt.

Psalm 102,18f. (NL)

Wenn ihr betet und im Glauben um etwas bittet, werdet ihr es erhalten, was immer es auch sei.

Matthäus 21,22 (NG)

Blickt fröhlich in die Zukunft, seid standhaft in der Bedrängnis und ausdauernd im Gebet.

Römer 12,12 (NTF)

Bei Jesus Frieden finden

Ich finde es faszinierend, dass wir über die meisten Männer und Frauen, denen wir in der Bibel begegnen, recht wenig wissen. Selten erfahren wir eine ganze Lebensgeschichte. Oft erzählen nur ein paar kurze Verse, im besten Fall ein paar Kapitel, von der Begegnung eines Menschen mit dem lebendigen Gott und wie das sein Leben für Zeit und Ewigkeit verändert.

Ich wollte beispielsweise immer mehr wissen über den besessenen Gerasener, von dem in Markus 5 berichtet wird. Jesus und seine engsten Freunde begegneten diesem wilden Mann nach einer stürmischen nächtlichen Überfahrt über den See Genezareth. Jesus' Freunde waren Fischer, erfahren im Umgang mit den Stürmen, die auf dem See wie aus dem Nichts aufkommen konnten, aber etwas in dieser Nacht war befremdlich anders gewesen. Wenn ich spekulieren dürfte, würde ich sagen: Vielleicht haben ja dämonische Mächte den See zum Kochen gebracht. Denn als Jesus aufstand, um den Sturm zu stillen, sagte er: „Schweig! Sei still!“ (Markus 4,39; NG) Im Griechischen ist das genau die Wendung, mit der Jesus zuvor schon einen Dämon zum Verstummen gebracht hat (Markus 1,25). Ich bin überzeugt, dass das Böse in Person Jesus davon abhalten wollte, einen armen, gequälten Menschen von seinen Dämonen zu befreien.

Das Leben dieses Mannes war so stürmisch wie der See, den Jesus zur Ruhe gebracht hatte. Der böse Geist in ihm befähigte ihn, jede Fessel zu sprengen, mit der ihn die Menschen ruhigzustellen versuchten. Der Besessene wanderte durch das Hügelland und hielt sich in Grabhöhlen auf, er „schrie und schlug mit Steinen auf sich ein“ (Markus 5,5). Aber in dem Moment, als Jesus seinen Fuß ans Ufer setzte, lief der Besessene zu ihm hin und warf sich ihm zu Füßen. Vermutlich hatte der Mann noch nie vorher von Jesus gehört, aber die Dämonen in ihm identifizierten ihn sofort als „Jesus, Sohn des höchsten Gottes“ (V. 7). Ich stelle mir vor, was der Mann in dem Moment dachte: *Ich kenne dich nicht, aber die, die mich quälen, haben Angst vor dir!*

Die komplette Geschichte steht wie gesagt in Markus 5. Am Ende befiehlt Jesus den Dämonen, den Mann zu verlassen und in die Schweineherde zu fahren, die da auf den Hügeln nach Fressbarem suchte. Die Herde rannte augenblicklich auf eine Klippe zu und stürzte sich ins Wasser. Eine chaotische Szene – mit einer Ausnahme: Als die Bewohner der umliegenden Siedlungen von dem Aufruhr hörten, beeilten sie sich, den eben noch Besessenen zu sehen. „Der Mann, in dem die Legion Dämonen gewesen war, saß jetzt da, bekleidet und bei klarem Verstand. Da bekamen sie es mit der Angst zu tun“ (Markus 5,15; NG).

Ich finde es gut, dass die Geschichte von der Stillung des Sturms und die von der Heilung des Besessenen direkt nacheinander kommen. Gleich, ob die äußeren Verhältnisse durch einen Sturm durcheinandergebracht werden oder ob ein Sturm im Herzen tobt – wenn Jesus in die Situation hineinspricht, muss der Sturm gehorchen. Wir sehen an diesen beiden Begebenheiten, dass Jesus den Sturm zähmt und Frieden ins Chaos bringt – innerlich wie äußerlich.

Der friedlichste Ort, den es gibt, ist bei Jesus.

Jesus stand auf, wies den Wind in seine Schranken und befahl dem See: „Schweig! Sei still!" Da legte sich der Wind, und es trat eine große Stille ein.

Markus 4,39 (NG)

Ich lasse euch ein Geschenk zurück – meinen Frieden. Und der Friede, den ich schenke, ist nicht wie der Friede, den die Welt gibt. Deshalb sorgt euch nicht und habt keine Angst.

Johannes 14,27 (NL)

In der Welt habt ihr Angst, aber lasst euch nicht entmutigen: Ich habe die Welt besiegt.

Johannes 16,33 (HfA)

Bleibt in mir, und ich werde in euch bleiben. Eine Rebe kann nicht aus sich selbst heraus Frucht hervorbringen; sie muss am Weinstock bleiben. Genauso wenig könnt ihr Frucht hervorbringen, wenn ihr nicht in mir bleibt.

Johannes 15,4 (NG)

Wer unter dem Schutz des Höchsten wohnt, der kann bei ihm, dem Allmächtigen, Ruhe finden. Auch ich sage zu Gott, dem Herrn: „Bei dir finde ich Zuflucht, du schützt mich wie eine Burg! Mein Gott, dir vertraue ich!"

Psalm 91,1f. (HfA)

Bis Gott grünes Licht gibt

Es hatte seine Gründe, dass ich erst mit 27 Jahren Autofahren lernte, als ich bereits in den USA lebte. Ich bin in Schottland aufgewachsen, und meine Mutter war Witwe. Es war einfach nicht genug Geld da, als dass alle drei Kinder den Führerschein hätten machen können. Meine Schwester Frances bekam die Fahrstunden von einer Freundin aus der Kirchengemeinde geschenkt, weil sie die Älteste war. Mein Bruder Stephen durfte fahren lernen, weil er ein Junge war. Und ich ... nahm den Bus!

Als ich nach Kalifornien übersiedelte, wurde mir rasch klar, dass ich bis zur Wiederkunft Christi daheim sitzen würde, wenn ich nicht Autofahren lernte. Die ersten paar Fahrstunden waren – nun ja, ein wenig vertrackt. Der Fahrlehrer ließ mich regelmäßig rechts ranfahren, damit er sich einen Kaffee besorgen und ein paar Aspirin einwerfen konnte. Aber irgendwann hatte ich den Bogen raus. Bald gab es nur noch eine Herausforderung: Ampeln. Ich konnte genau vorhersagen, wann sie gleich auf Grün umspringen würden – ich hatte es einfach im Gefühl. Aber dieses spezielle Talent beeindruckte meinen Fahrlehrer überhaupt nicht.

„Sie müssen warten, bis Sie wirklich grün haben!", forderte er recht energisch.

Das ist ein guter Rat auch für unser geistliches Leben. Wenn wir an eine Kreuzung kommen, ist es klug zu warten, bis wir grünes Licht haben, bevor wir weiterfahren. Aber es kann durchaus verlockend erscheinen, Gott schon einmal ein Stück voraus zu sein, stimmt's? Manchmal lässt sich Gott ja auch ziemlich Zeit, bis er uns wieder einholt!

Jedes Mal, wenn ich versucht habe, Gottes perfektem Timing eine Nasenlänge voraus zu sein, habe ich es anschließend bereut. Solange wir nicht eindeutig grünes Licht haben, will Gott, dass wir abwarten. David – immerhin ein „Mann nach dem Herzen Gottes“ – ermutigt uns, geduldig zu sein: „Harre auf den Herrn! Sei stark, und dein Herz fasse Mut, und harre auf den Herrn! (Psalm 27,14; S).

Gott allein kennt die Strecke vor uns. Wenn wir also an großer Kreuzung nicht recht wissen, was tun, dann sollten wir vertrauensvoll auf Gottes Signal warten und nicht gleich losspurten. Der kanadische Theologe James Innell Packer hat mal geschrieben: „Wo Handeln angezeigt ist, da kommt auch das Lichtsignal.“ Er hat vermutlich denselben Fahrlehrer wie ich gehabt.

Auf Gottes grünes Licht lohnt es sich zu warten.

Die tägliche Ration Bibel

Was ist denn der Glaube? Er ist ein Rechnen mit der Erfüllung dessen, worauf man hofft, ein Überzeugtsein von der Wirklichkeit unsichtbarer Dinge.

Hebräer 11,1 (NG)

Früh am Morgen hörst du mein Rufen, in der Frühe trage ich dir meine Sache vor und warte auf deine Entscheidung.

Psalm 5,3 (GN)

Du bist meine Stärke; ich vertraue darauf, dass du mich rettest, denn du bist meine Zuflucht, Gott.

Psalm 59,9 (NL)

Eine Hoffnung, die sich schon sichtbar erfüllt hat, ist keine Hoffnung. Ich kann nicht erhoffen, was ich vor Augen habe. Wenn wir aber auf etwas hoffen, das wir noch nicht sehen können, dann heißt das, dass wir beharrlich danach Ausschau halten.

Römer 8,24f. (GN)

Unbeirrt habe ich auf den Herrn gehofft, auf seine Hilfe habe ich gewartet. Er hat mein Schreien gehört und hat mir geholfen.

Psalm 40,1 (GN)

Gott ist für uns

Was meinen Sie: Wie wird sich das Leben eines Menschen darstellen, der erkennbar Gott auf seiner Seite hat? Was für Merkmale trägt wohl ein so gesegnetes Leben? Ein paar Vorschläge meinerseits:

Wir kriegen den Job, um den wir uns bewerben.

Die Ehe wird besser und besser, die Partner verlieben sich von Tag zu Tag mehr ineinander.

Unsere Kinder beziehen Gott in ihr Leben ein und kehren ihm niemals den Rücken zu.

Mit den Finanzen kommen wir zurecht, kein Grund zur Klage.

Sie werden verstehen, was ich meine. Wenn Gott uns beisteht, dann sollte es im Leben glattgehen. Könnte man meinen. Leider kann unser Freund Josef aus dem Alten Testament eine ganz andere Geschichte erzählen.

Wir lernen Josef im 1. Buch Mose Kapitel 37 kennen. Ein Teenager von 17 Jahren – und seine zehn älteren Brüder hassen ihn leidenschaftlich. Warum? Weil Josef Papas Liebling ist (Jakob, der Vater, versucht das auch gar nicht zu verbergen) und nach Strich und Faden verwöhnt wird (er merkt es nicht einmal, das macht ihn als kleinen Bruder vollends unausstehlich). So ergreifen die Zehn die erstbeste Chance, das Ekelpaket loszuwerden. Die Brüder werfen Josef in einen ausgetrockneten Brunnenschacht, soll er dort krepieren! – aber am Ende verkaufen sie ihn an Sklavenhändler, die auf dem Weg nach Ägypten sind. Dort wird Josef weiterverkauft an Potifar, den Kämmerer des Pharao und Obersten der Leibwache. In der Erzählung steht bei der Gelegenheit erstmals der Satz „Der Herr war mit Josef" (1. Mose 39,2). Ernsthaft? War die Tatsache, dass man ihn versklavt hatte, nicht eher ein Zeichen dafür, dass Gott ihn verlassen hatte?

Als Nächstes versucht die Frau seines Chefs Josef zu verführen. Als er ihre Avancen ablehnt, beschuldigt sie ihn der Vergewaltigung, und Josef landet im Gefängnis. In dem Zusammenhang lesen wir erneut: „Der Herr war mit Josef" (V. 21). Wenn Gott tatsächlich mit Josef war, sollte man dann nicht erwarten, dass er Josef verteidigt, wenn der sich doch korrekt verhält?

Nun, Josef kommt im Gefängnis gut zurecht und wird zum Aufseher der übrigen Gefangenen. Nach einigen Jahren bekommt er Gelegenheit, die Träume zweier Hofbeamter des Pharao zu deuten, die ebenfalls im Gefängnis gelandet waren. Als einer der beiden freikommt, hat Josef nur eine bescheidene Bitte, sinngemäß etwa so: „Wenn du wieder in Amt und Würden bist, kannst du dem Pharao sagen, dass ich unter falscher Anklage hier im Knast sitze?" Kein unmöglicher Auftrag, aber der Mann vergisst, was er versprochen hat, und Josef bleibt zwei weitere Jahre im Gefängnis.

Um die Geschichte kurz zu machen: Josef kommt schließlich frei, steigt auf im Pharaonenreich und steht schließlich seinen Brüdern gegenüber, die ihn verraten und verkauft hatten. Josef trifft vor ihnen eine bemerkenswerte Feststellung: „Ihr habt Böses gegen mich im Sinne gehabt, Gott aber hatte dabei Gutes im Sinn" (1. Mose 50,20; EÜ).

Mögen wir – wie Josef – darauf vertrauen, dass Gott dasselbe auch heute noch tut. Ganz gleich, was uns im Leben widerfährt, unser souveräner Retter ist bereits für uns im Einsatz.

Gott ist stets mit uns und steht uns bei.

Die tägliche Ration Bibel

Der Gefängnisleiter brauchte sich um nichts zu sorgen, was Josef in seine Hand nahm, denn der Herr war mit ihm. Was er auch unternahm, der Herr ließ es ihm gelingen.

1. Mose 39,23 (EÜ)

Wie ich mit Mose war, will ich auch mit dir sein. Ich lasse dich nicht fallen und verlasse dich nicht.

Josua 1,5 (EÜ)

Euer Leben sei frei von Habgier; seid zufrieden mit dem, was ihr habt; denn Gott hat versprochen: Ich lasse dich nicht fallen und verlasse dich nicht.

Hebräer 13,5 (EÜ)

Darum geht nun zu allen Völkern der Welt und macht die Menschen zu meinen Jüngern und Jüngerinnen! Tauft sie im Namen des Vaters und des Sohnes und des Heiligen Geistes, und lehrt sie, alles zu befolgen, was ich euch aufgetragen habe. Und das sollt ihr wissen: Ich bin immer bei euch, jeden Tag, bis zum Ende der Welt.

Matthäus 28,19f. (GN)

Ich aber werde dein Angesicht sehen, weil ich nach deinem Willen lebe. Wenn ich erwache, darf ich mich satt sehen an deiner Gestalt.

Psalm 17,15 (NG)

Fürs Leben gezeichnet

Manchmal verläuft der Start in ein neues Jahr alles andere als glücklich. Mir ging es diesmal so. Ich hatte mir zum Jahresende die Grippe geholt, nahtlos gefolgt von einer Lungenentzündung, die mich die ersten Wochen des Jahres ans Bett fesselte. Als ich dann eines Morgens aufstehen wollte, rutschte mir das rechte Bein weg. Im Lauf des Tages konnte ich es wieder gebrauchen, aber nur unter starken Schmerzen. Mein Doktor überwies mich zu einem Schmerzspezialisten, der mir eine Spritze verpasste und dreimal versuchte, den Schmerz abzustellen – dreimal ohne Erfolg. Schließlich wurde ich zu einem Chirurgen geschickt, weil eine Operation unvermeidlich schien. Der Chirurg erklärte mir, dass er vom Rücken aus eine Bandscheibe entfernen müsse – und eine weitere von vorne. „Sie werden eine 15 Zentimeter lange Narbe auf beiden Seiten haben", sagte er. „Ihre Bikinitage sind gezählt!"

Ich informierte ihn, dass ich als schottische Baptistin erzogen worden sei, meine Bikinitage also schon mit dem dritten Geburtstag vorbei waren.

Die Operation verlief gut, und durch Gottes Gnade kam ich rasch wieder auf die Beine. Als die Narben abheilten, entdeckte ich, dass mein Körper nun auf interessante Weise gezeichnet war. Schon im Jahr zuvor hatte man mir einen gutartigen Tumor entfernt, und so hatte ich bereits eine acht Zentimeter lange, quer verlaufende Narbe auf dem Bauch. Als die Verbände vollends entfernt wurden, sah ich die perfekte Zeichnung eines Kreuzes.

Es mag Ihnen schräg vorkommen, aber ich finde das gut. Die Narben erinnern mich rund um die Uhr daran, dass ich einem Heiland nachfolge, der sich für Sie und mich hat verwunden lassen. Die Wundmale, die Jesus trägt, sind unsere Rettung. Jesus hat sich mit uns gemein gemacht und unsere Schmerzen erlitten. Weil er uns so sehr liebt, hat er sich brutal schlagen lassen, hat die Geißelung ertragen, die ihm das Fleisch vom Rücken riss, und hat seinen Körper durchbohren lassen für unsere Übertretungen. In ihm finden wir Vergebung für unsere Sünden und werden frei, um in Gemeinschaft mit unserem himmlischen und heiligen Vater zu leben.

Halleluja, was für ein Heiland!

Jesus hat die Wunden auf sich genommen,
die uns zu Freiheit von Sünde
und zum ewigen Leben verhelfen.

Die tägliche Ration Bibel

Er heilt, die zerbrochenen Herzens sind, und verbindet ihre Wunden.

Psalm 147,3 (L)

Wegen unserer Schuld wurde er gequält und wegen unseres Ungehorsams geschlagen. Die Strafe für unsere Schuld traf ihn und wir sind gerettet. Er wurde verwundet und wir sind heil geworden.

Jesaja 53,5 (GN)

Die Soldaten zogen Jesus aus und hängten ihm einen scharlachroten Mantel um, flochten aus Dornenzweigen eine Krone, setzten sie ihm auf den Kopf und drückten ihm einen Stock in die rechte Hand. Dann knieten sie vor ihm nieder, verspotteten ihn und riefen: „Es lebe der König der Juden!" Sie spuckten ihn an, nahmen den Stock und schlugen ihm damit auf den Kopf. Nachdem sie so ihren Spott mit ihm getrieben hatten, zogen sie ihm den Mantel aus und legten ihm seine eigenen Kleider wieder an. Dann führten sie ihn ab, um ihn zu kreuzigen.

Matthäus 27,28-31 (NG)

Er wurde misshandelt, aber er duldete es ohne ein Wort. Er war stumm wie ein Lamm, das man zur Schlachtung führt. Und wie ein Schaf, das sich nicht wehrt, wenn es geschoren wird, hat er alles widerspruchslos ertragen. Man hörte von ihm keine Klage.

Jesaja 53,7 (HfA)

Als Johannes am nächsten Tag Jesus auf sich zukommen sah, sagte er: „Seht dort das Opferlamm Gottes, das die Schuld der ganzen Welt wegnimmt."

Johannes 1,29 (GN)

Rückhaltlose Anbetung

Was Jesus an jenem Tag gemacht hat, war sehr außergewöhnlich, aber dem Bibeltext zufolge war er im Auftrag seines himmlischen Vaters unterwegs. Der Evangelist Johannes drückt es so aus: „Er musste den Weg durch Samarien nehmen" (Johannes 4,4). Im Griechischen beinhaltet dieses *müssen* nicht, dass Jesus keine andere Reisemöglichkeit gehabt hätte, vielmehr, dass Jesus sich genötigt sah, diesen Weg einzuschlagen. Dazu muss man wissen, dass Juden den Weg durch Samaria gewöhnlich mieden. Sie hielten die Samaritaner für „Unreine" und Sektierer und wichen ihnen nach Möglichkeit aus. Jesus allerdings war im Rettungseinsatz. Er wurde vom Heiligen Geist geführt.

Die Geschichte ist bekannt: Jesus trifft am sogenannten Jakobsbrunnen in Samaria eine Frau, die bereits fünf Ehen hinter sich hat und nun mit einem Mann zusammenlebt, mit dem sie nicht verheiratet ist. Keine Frau kann sich wünschen, dass ihr Leben so verläuft. Wie ist sie in diese Lage geraten? Nun, ich habe eine Theorie.

Ich bin sicher, dass diese Frau ihren ersten Mann geliebt hat, aber wenn sie keine Kinder bekommen hatte, hat er sich vermutlich rasch von ihr scheiden lassen. Und in jener Zeit waren junge geschiedene Frauen so gut wie schutzlos, also wird sie froh gewesen sein, als sie den nächsten Antrag erhielt. Wer weiß, was in dieser Ehe passierte? Oder in der dritten? Oder in der vierten? Zu dem Zeitpunkt, als Jesus sie traf, war die Frau vermutlich einfach nur dankbar für ein Dach über dem Kopf, auch wenn sie keinen Ring am Finger hatte.

Als Jesus sie bittet, ihren Mann zu rufen, sagt sie, sie hätte keinen Mann. Jesus antwortet ihr: „Fünf Männer hast du gehabt und der, den du jetzt hast, ist nicht dein Mann. Damit hast du die Wahrheit gesagt“ (V. 18). Die Frau ist verblüfft, dass dieser jüdische Rabbi über ihre persönlichen Verhältnisse Bescheid weiß. Sie hält Jesus für einen Propheten und versucht ihn in eine Diskussion über den rechten Ort für die Anbetung Gottes zu verwickeln. Aber Jesus verweist sie auf das Entscheidende an der Anbetung: „Gott ist Geist und alle, die ihn anbeten, müssen im Geist und in der Wahrheit anbeten“ (V. 24). Das Wort *Wahrheit* steht hier für „nichts verborgen“. Und das ist die Art von Anbetung, zu der Sie und ich aufgerufen sind.

Jesus kennt unsere Geheimnisse und unsere Scham, aber er lädt uns trotzdem ein, so, wie wir sind, in das Licht seiner Gegenwart zu kommen und seine Liebe zu empfangen. Wenn uns endlich klar wird, dass Gott alles über uns weiß und er uns dennoch unendlich liebt, dann wird diese Erkenntnis unser Leben verändern.

Eine Fußnote hat die Geschichte: Die samaritische Frau wurde die erste Missionarin in ihrem Dorf. „Kommt her, seht, da ist ein Mann, der mir alles gesagt hat, was ich getan habe: Ist er vielleicht der Messias?“ (V. 29; EÜ).

Beten Sie den an, der Sie durch und durch kennt, in der Gewissheit, dass er Sie mit seiner Liebe umgibt.

Die tägliche Ration Bibel

Gott ist Geist und alle, die ihn anbeten, müssen im Geist und in der Wahrheit anbeten.

Johannes 4,24 (EÜ)

Ihr werdet die Wahrheit erkennen, und die Wahrheit wird euch frei machen.

Johannes 8,32 (L)

Führe mich durch deine Treue und unterweise mich. Denn du bist der Gott, der mir Rettung schafft. Auf dich hoffe ich Tag für Tag.

Psalm 25,5 (NG)

Liebe und Wahrheit haben sich verbündet. Gerechtigkeit und Frieden küssen sich! Wahrheit wird auf der Erde wachsen und Gerechtigkeit vom Himmel herabschauen.

Psalm 85,11-12 (NL)

Wenn wir behaupten, mit Gott verbunden zu sein, in Wirklichkeit aber in der Finsternis leben, lügen wir, und unser Verhalten steht im Widerspruch zur Wahrheit. Wenn wir jedoch im Licht leben, so wie Gott im Licht ist, sind wir miteinander verbunden, und das Blut Jesu, seines Sohnes, reinigt uns von aller Sünde.

1. Johannes 1,6f. (NG)

Irreparabel beschädigt

Ein wunderbares Jahr meines Lebens habe ich in einem Heim gearbeitet, wo man sich um gemütskranke Teenager kümmert – einige der am schlimmsten geschlagenen und erbarmungswürdigsten Menschen. Besonders das Leben eines Jungen – ich werde ihn Sam nennen – war ein Albtraum.

Von Sonntagabend bis Freitagnachmittag war Sam in meiner Obhut, aber wenn er wollte, konnte er übers Wochenende nach Hause gehen. Seine innige Loyalität zu seiner dysfunktionalen Familie schockierte mich. Sein Vater war ein gewalttätiger Trinker, und seine Mutter war eine kleine Frau, die sprachlos geprügelt worden war. Wenn Sam am Sonntagabend in unsere Wohneinrichtung zurückkehrte, war er von Prellungen übersät, aber er behauptete stets, er sei die Treppe hinuntergefallen oder mit dem Fahrrad gestürzt. Und ich konnte absolut nichts dagegen tun. Seine gewalttätigen Ausbrüche in der Schule hatten ihn in unsere Obhut gebracht, aber er hatte immer noch das Recht, in das Zuhause zurückzukehren, das seine Vorstellung von Liebe völlig verzerrt hatte.

Ich weinte um Sam auf meinen Knien.

Ich rang mit Gott um das Leben dieses Jungen.

Ich flehte Gott an, er möge eingreifen.

Wie, fragte ich den Herrn, *kann ich Sam klar machen, dass ihn nichts und niemand von deiner Liebe trennen kann, wenn Flüche und Fäuste ihm das Gegenteil einbläuen?*

Als mein Jahr in dem Heim zu Ende ging, sagte ich Sam,

ich würde auch weiterhin für ihn beten. Ich gab ihm auch den Tipp, dass das wirkungsvollste Gebet nur ein einziges Wort ist: „Jesus!“

Einige Jahre später führte mich ein Vortrag zurück in jene Gegend. Nach Ende der Veranstaltung, ich packte gerade in der Garderobe zusammen, klopfte es an der Tür. Es war Sam. Tränen liefen ihm über die Wangen, als er mir erzählte, wie oft er dieses schlichte Wort gebetet hätte und dass Jesus nun der Halt seines Lebens sei. So etwas bewirkt die endlose Liebe unseres Gottes!

Wie hat es Jesus gesagt? „Der Menschensohn ist gekommen, um zu suchen und zu retten, was verloren ist“ (Lukas 19,20; EÜ). Das griechische Wort für *verloren* an dieser Stelle ist *apollymi*. Es bedeutet „verwüstet, ruiniert, irreparabel kaputt“.

Kennen Sie jemanden, oder sind Sie selbst so jemand, der durch Ereignisse im Leben derart beschädigt ist? Sie sollen wissen: Wir können niemals so kaputt sein, dass uns Jesus nicht heilen könnte.

Jesus kam auch und gerade für Menschen,
die irreparabel kaputt zu sein scheinen.

Die tägliche Ration Bibel

„Der Menschensohn ist gekommen, um zu suchen und zu retten, was verloren ist.“

Lukas 19,20 (EÜ)

„Wenn ein Mensch hundert Schafe hat und eins geht verloren, was wird er tun? Lässt er nicht die neunundneunzig in der Wüste zurück, um das verlorene Schaf so lange zu suchen, bis er es gefunden hat? Dann wird er es glücklich auf seinen Schultern nach Hause tragen."

Lukas 15,4f. (HfA)

Die Pharisäer ... fragten seine Jünger: „Wie kommt euer Meister dazu, mit solchem Abschaum zu essen?" Als Jesus es hörte, antwortete er: „Die Gesunden brauchen keinen Arzt – wohl aber die Kranken."

Matthäus 9,11f. (NL)

Es ist ein wahres Wort und verdient volles Vertrauen: Jesus Christus ist in die Welt gekommen, um die Sünder zu retten. Unter ihnen bin ich selbst der Schlimmste.

1. Timotheus 1,15 (GN)

Ich bin überzeugt, dass weder Tod noch Leben, weder Engel noch unsichtbare Mächte, weder Gegenwärtiges noch Zukünftiges, noch gottfeindliche Kräfte, weder Hohes noch Tiefes, noch sonst irgendetwas in der ganzen Schöpfung uns je von der Liebe Gottes trennen kann, die uns geschenkt ist in Jesus Christus, unserem Herrn.

Römer 8,38f (NG)

Ein heiliges Leben

Eines Tages im Einkaufszentrum. Ich pickte mir eine Gruppe von Teenagern heraus und fragte sie, was das Wort *Heilig* bedeutet. Anfangs quittierten sie meine Frage mit Schweigen, aber dann sagte ein Mädchen: „Es hat etwas mit Religion zu tun."

Ein anderes Mädchen ergänzte: „So heißt doch die Kirche am Ende der Straße, in der wir wohnen."

Heutzutage scheint *Heilig* oder gar *Heiligkeit* kein sonderlich populärer Begriff zu sein, noch nicht einmal in den Kirchen am Ende unserer Straßen.

Einige Tage später stellte ich den Jugendlichen in meiner Gemeinde dieselbe Frage.

„Es bedeutet, dass man nicht trinkt oder Drogen nimmt", sagte ein Junge.

„Oder Sex hat", meinte ein anderer. „Es heißt: Verzicht auf Sex."

Das Wort für *heilig* in der hebräischen Bibel ist *qodesh*. Es bedeutet „ausgesondert, für Gott markiert". Im Neuen Testament lautet das Wort für *heilig hagios*, und auch das bedeutet „ausgesondert", aber auch „verehrungswürdig". Beim Begriff *Heiligkeit* denkt man auch an eine Lebensweise, die Gottes Anerkennung findet, aber es steckt noch viel mehr darin. Schließlich ist der christliche Glaube nicht einfach ein Programm zur Verhaltensänderung. Christen sind zu einer persönlichen, radikalen, herausgehobenen Beziehung zu Jesus berufen, und das Ergebnis ist eine komplett neue Art, jeden Moment eines jeden Tages zu erleben. Ein Aspekt dieser neuen Lebensweise ist Heiligkeit.

Freilich können Sie und ich nicht aus uns selbst heraus heilig werden. Darauf weist der Apostel Paulus hin: „Ich bin mit Christus gekreuzigt worden; nicht mehr ich lebe, sondern Christus lebt in mir“ (Galater 2,20; EÜ). Ein Jünger oder eine Jüngerin von Jesus Christus sein, das erfordert nichts weniger, als dass unsere eigene selbstsüchtige Natur sterben und Platz machen muss – damit sich das Leben und die Liebe Christi in uns entfaltet. Anders ausgedrückt: Immer, wenn mein Wille in Konflikt mit Gottes Willen gerät, gilt es – mithilfe des Heiligen Geistes – meinen Willen wieder in Einklang mit Gottes Willen bringen.

Fazit: Was unsere Welt am dringendsten braucht, das ist nicht noch ein Kirchengebäude, sondern Gläubige, die, von der Liebe und Kraft Gottes erfüllt, wie ein Spiegel Gottes helles Licht auf diesem manchmal so dunklen Planeten verbreiten.

Der Evangelist und Lehrer Dwight L. Moody hat dazu mal gesagt: „Ein heiliges Leben wird den tiefsten Eindruck hinterlassen. Leuchttürme blasen keine Hörner, sie lassen nur ihr Licht leuchten.“

Seien Sie wie ein Spiegel für das Licht Gottes!

Die tägliche Ration Bibel

[Jesus] sagte: „Ich bin das Licht der Welt. Wer mir nachfolgt, der irrt nicht im Dunkeln umher, sondern erlangt das Licht des Lebens.“

Johannes 8,12 (NTF)

So soll euer Licht vor den Menschen leuchten, damit sie eure guten Werke sehen und euren Vater im Himmel preisen.

Matthäus 5,16 (EÜ)

Das Licht leuchtet in der Finsternis, und die Finsternis hat es nicht auslöschen können.

Johannes 1,5 (NG)

Das Leben der Menschen, die auf Gott hören, gleicht dem Sonnenaufgang: Es wird heller und heller, bis es völlig Tag geworden ist.

Sprüche 4,18 (GN)

Wenn ihr den Hungernden zu essen gebt und euch den Notleidenden zuwendet, dann wird eure Dunkelheit hell werden, rings um euch her wird das Licht strahlen wie am Mittag.

Jesaja 58,10 (GN)

Auserwählt

Schon als ich den Aufzug betrat, hatte ich den Eindruck, dass buchstäblich etwas in der Luft lag. Nämlich der Geruch von billigem Haarspray, und der Boden war mit Glitter und Flitter bedeckt. Als der Aufzug anhielt, stiegen zwei kleine Mädchen mit ihren Müttern ein. Die Mädchen waren aufgetakelt wie zu einem Schönheitswettbewerb, und die beiden hatten so viel auftoupiertes Haar, dass sie einen ganzen Festsaal voll kahlköpfiger Männer neidisch gemacht hätten.

Ich hatte mir meinen Reim darauf gemacht und fragte: „Ist der Wettbewerb schon vorbei?"

„Nein", gab eine der Mütter zurück, „es kommt noch die Krönung!"

Ich deponierte meine Aktentasche in meinem Zimmer und beschloss, die Festivität aufzusuchen. Ich glaube nicht, dass man mich so ohne Weiteres in den Ballsaal hätte lassen dürfen, aber alle waren so fixiert auf das Geschehen, dass mich niemand aufhielt. So sah ich, wie diese kleinen Mädchen – die letzten fünf, die um den Titel wetteiferten – auf die Bühne und vor die Jury traten. Als der Name der Gewinnerin verkündet wurde, beobachtete ich die anderen vier, und ihr Gesichtsausdruck war herzzerreißend. Die vier hatten die Botschaft so gedeutet: „Du bist *nicht* die Schönste. Du bist *nicht* die Beste."

Wir empfangen Botschaften dieser Art unser ganzes Leben hindurch. Die Kultur, in der wir leben, feiert Dinge und Eigenschaften, die nur wenig bis gar nichts mit unserem Herzen oder unserem Charakter zu tun haben oder mit sonst etwas von dem, was uns ausmacht. Wir müssen uns immer wieder bewusst machen, dass Gott uns niemals so betrachtet!

Was sieht Gott, wenn er Sie anblickt? Er sieht eine Schönheit, schneeweiß gewaschen durch seinen Sohn.

Wenn Gott Sie anblickt, sieht er seine auserwählte Tochter.

Wenn Gott Sie anblickt, dann voll Liebe – und nur so.

Gott hat Sie auserwählt!

Die tägliche Ration Bibel

Ihr seid die Auserwählten, eine königliche Priesterschaft, ein heiliges Volk, Gottes Eigentum. Denn ihr sollt die großen Taten Gottes verkündigen, der euch aus der Finsternis in sein wunderbares Licht berufen hat.

1. Petrus 2,9 (NTF)

Gott führte sein Volk hinaus in die Freiheit, sie waren voller Freude, jubelnd zogen die von ihm Erwählten aus.

Psalm 105,43 (NG)

Mein Geliebter sagt zu mir: „Steh auf, meine Freundin, meine Schöne, und komm!"

Hoheslied 2,10 (NL)

Ich werde die mein Volk nennen, die nicht mein Volk waren; ich werde die meine geliebte Frau nennen, die bisher ungeliebt war.

Römer 9,25 (NG)

Was meinen Sie: Was sind Sie wert?

Als Christian die letzte Klasse der High School besuchte, beschlossen Barry und ich, unser Haus zu verkaufen. Ich hatte schon länger den Eindruck gehabt, dass das Haus eigentlich zu groß für uns drei war, und nun, mit der Aussicht, dass unser Sohn aufs College wechseln würde, vereinbarten wir, etwas Kleineres zu suchen.

Wir verabredeten uns mit einer Maklerin, um die Details zu besprechen. Meine erste Frage war: „Wie ermitteln Sie den richtigen Preis für ein Haus?" Sie nannte einige Faktoren, die zur Preisbildung beitragen, aber ihre Grundaussage war: „Ihr Haus ist das wert, was jemand bereit ist zu bezahlen." Eine grandiose Aussage!

Lassen Sie uns dieses Stück Hausverkäuferweisheit nutzen, um ein für alle Mal festzuhalten: Unser Leben ist das wert, was jemand bereit ist zu bezahlen.

Darüber lohnt es sich einen Moment nachzudenken. Jesus Christus, das sündlose Lamm Gottes, hat bereitwillig die Herrlichkeit des Himmels aufgegeben, um auf die Erde zu kommen, wo er damit rechnen musste, missverstanden, verraten und brutal getötet zu werden. Und warum hat er es getan? Weil er beschlossen hat, dass unser Leben diesen Preis wert ist! Allzu leicht vergessen wir, welchen unglaublichen Wert Jesus Christus uns beimisst.

Vielleicht fällt es Ihnen leicht zu glauben, dass Jesus andere Menschen derart liebt, aber Sie können sich das für sich selbst nicht vorstellen. Wenn das der Fall ist, dann setzen Sie Ihren Namen in den bekannten Satz aus Johannes 3,16 ein: „Gott hat ______________ seine Liebe dadurch gezeigt, dass er seinen einzigen Sohn für sie hergab, damit ______________, wenn sie an ihn glaubt, das ewige Leben hat und nicht verloren geht."

Wenn Sie immer nur Freundeskreis, Ehemann, Kinder und Karriere ins Kalkül ziehen, dann bekommen Sie nie eine realistische Vorstellung von Ihrem wahren Wert. In Wirklichkeit entscheidet der allmächtige Gott alleine über Ihren Wert, und er hat bereits vor Ihrer Geburt beschlossen, dass Sie den Einsatz des Lebens seines einzigen Sohnes wert sind. Sie sind die geschätzte Tochter des Königs der Könige.

Jesus hat mit seinem Leben den Preis bezahlt,
von dem er überzeugt ist, dass Sie ihn wert sind.

Die tägliche Ration Bibel

Gott hat der Welt seine Liebe dadurch gezeigt, dass er seinen einzigen Sohn für sie hergab, damit jeder, der an ihn glaubt, das ewige Leben hat und nicht verloren geht.

Johannes 3,16 (NG)

Du hast mich geschaffen mit Leib und Geist, mich zusammengefügt im Schoß meiner Mutter. Dafür danke ich dir, es erfüllt mich mit Ehrfurcht. An mir selber erkenne ich: Alle deine Taten sind Wunder! Ich war dir nicht verborgen, als ich im Dunkeln Gestalt annahm, tief unten im Mutterschoß der Erde. Du sahst mich schon fertig, als ich noch ungeformt war. Im Voraus hast du alles aufgeschrieben; jeder meiner Tage war schon vorgezeichnet, noch ehe der erste begann.

Psalm 139,13-16 (GN)

Gott beweist uns seine Liebe dadurch, dass Christus für uns starb, als wir noch Sünder waren.

Römer 5,8 (NG)

Wenn jemand zu Christus gehört, ist er eine neue Schöpfung. Das Alte ist vergangen; etwas ganz Neues hat begonnen!

2. Korinther 5,17 (NG)

All denen, die ihn aufnahmen und an seinen Namen glaubten, gab er das Recht, Gottes Kinder zu werden.

Johannes 1,12 (NG)

Trauern braucht Zeit

Vor einigen Jahren sind Barry und ich – zusammen mit Abigail, unserer Ragdollkatze – umgezogen von Nashville nach Kalifornien, genauer: in den Orange County. Unserer Schätzung nach würde die Reise quer durch den Kontinent dreißig Stunden dauern, also planten wir drei Tagestrips von jeweils zehn Stunden und nur zwei Zwischenübernachtungen in Hotels auf unserem Weg nach Westen.

Für Abigail begann die Reise in einer Transportkiste, aber das ging nur zwei Stunden lang gut. Länger konnten wir ihr erbärmliches Gemaunze nicht ertragen, also entließ ich sie aus dem Gefängnis. Sie setzte sich auf die Hutablage im Heckfenster, und Friede kehrte ein.

Als die Nacht hereinbrach, steuerten wir das erste Hotel an. Wir hatten keine Vorstellung, was die Hausordnung zu Haustieren sagte, und keine Lust zu fragen. Deshalb schlug Barry vor, ich solle Abigail mit meinem Pullover zudecken, bis wir von der Lobby in unser Zimmer gelangt wären.

Das Problem war, dass entweder der Kopf oder der Schwanz herausragte. Wenn ich es schaffte, den Kopf zu verstecken, dann hatte ich augenblicklich ein Problem mit dem Schwanz oder einer Hinterpfote. Ich konnte die Katze einfach nicht still unter meinem Pullover halten.

Später ist mir aufgegangen, dass es in meinem Leben mit Trauer und Schmerz ganz ähnlich ist. Wir können Trauer und Schmerz versuchen zu begraben, können uns nach Kräften bemühen, sie unter der Decke zu halten, aber sie kooperieren einfach nicht. Sie wehren sich.

Als eine meiner Freundinnen einen schwerwiegenden und schmerzlichen Verlust erlitt, sagte sie einem Trauerbegleiter, sie hätte schlichtweg keine Zeit, um Trauerarbeit zu leisten. Der Seelsorger sagte ihr: „Sie können entweder jetzt trauern und Ihren Emotionen Raum geben, oder Sie werden erleben, dass diese machtvollen Gefühle sich für den Rest Ihres Lebens immer wieder Bahn brechen."

Es kann sein, dass wir davor zurückschrecken, den Schmerz in seinem ganzen Ausmaß zuzulassen, weil wir glauben, er würde uns überwältigen. Aber wir haben Gottes Versprechen: „Nahe ist der Herr denen, die ein gebrochenes Herz haben. Er rettet alle, die ohne Hoffnung sind" (Psalm 34,19; NG). Außerdem hat Gott uns den Heiligen Geist versprochen als Tröster. Aber diesen Trost erfahren können wir erst, wenn wir zu unserem Schmerz stehen.

Wenn wir leiden, sollten wir uns Zeit zum Trauern erlauben. Wir müssen keine Sorge haben, dass die Wellen des Kummers uns überwältigen. Ja, wir werden Schmerz empfinden wie noch nie zuvor, aber Gott wird uns nicht mit diesem Schmerz allein lassen. Gott steht uns bei. Immer.

Wenn unser Schmerz am größten ist,
ist Gott am nächsten.

Warum ist dein Herz so traurig?

1. Samuel 1,8 (L)

Kummer ist besser als Lachen, denn Traurigkeit reinigt den Menschen.

Prediger 7,3 (NL)

Fürchte dich nicht, ich habe dich befreit! Ich habe dich bei deinem Namen gerufen, du gehörst mir! Musst du durchs Wasser gehen, so bin ich bei dir; auch in reißenden Strömen wirst du nicht ertrinken. Musst du durchs Feuer gehen, so bleibst du unversehrt; keine Flamme wird dir etwas anhaben können.

Jesaja 43,1f. (GN)

Vom Ende der Erde schreie ich zu dir, weil mir die Kräfte schwinden. Bring mich hinauf auf den sicheren Felsen; ich schaffe es nicht, er ist mir zu hoch! Du bist meine Zuflucht, ein starker Turm, wenn der Feind mich bedroht.

Psalm 61,3f. (GN)

Von allen Seiten dringen Schwierigkeiten auf uns ein, und doch werden wir nicht erdrückt. Oft wissen wir nicht mehr weiter, und doch verzweifeln wir nicht. Wir werden verfolgt und sind doch nicht verlassen; wir werden zu Boden geworfen und kommen doch nicht um. Auf Schritt und Tritt erfahren wir am eigenen Leib, was es heißt, am Sterben Jesu teilzuhaben. Aber gerade auf diese Weise soll auch sichtbar werden, dass wir schon jetzt, in unserem irdischen Dasein, am Leben des auferstandenen Jesus teilhaben.

2. Korinther 4,8-10 (NG)

Wie zerbrochene Herzen heil werden

Es ist wohl die heikelste Frage, die eine Frau ihrem Ehemann stellen kann: „Wie sehe ich aus?"

Es gibt darauf keine richtige Antwort. Wenn er sagt: „Ich mag das Kleid!", dann wird sie augenblicklich überlegen, was ihm wohl an dem zuvor nicht gefallen hat.

Wenn er sagt: „Ich bin kein großer Fan von dieser Bluse", wird sie hören: „Ich bin kein großer Fan von dir!" oder „Was hast du dir dabei gedacht, als du das Teil gekauft hast?" oder „Es sieht aus, als hättest du unsere Kinder verschluckt!"

Ich habe festgestellt, dass ein Sohn im Teenageralter in solchen Familienauseinandersetzungen zum Schiedsrichter taugt. Er hat keine Aktien in der Sache, aber wenn er eine Meinung hat (was nicht immer gegeben ist), wird er deutlich sagen, was er wirklich davon hält.

Zum Hintergrund des Problems sei gesagt, dass ich gebürtige Schottin bin. Die Lust auf Schnäppchenjagd ist tief in meiner DNA verankert. Ich warte nicht auf die üblichen Angebote. Ich warte auf die schreienden Plakate: „Zahlen Sie, was Sie wollen – und es gehört Ihnen!" Zum Beispiel habe ich eine Jeans erstanden, die von undenkbaren 1.000 auf unvorstellbare 54 $ reduziert worden war. Das war entweder das Geschäft des Jahres oder der Totalverlust von 54 $ – ganz klar war mir das nicht.

Also wartete ich, bis Barry und Christian es sich zu Hause bequem gemacht hatten, bevor ich meinen Auftritt hinlegte. Barry sah mich reinkommen und sagte nichts. Ich räusperte mich. Christian blickte hoch mit einem gewissen Erstaunen in den Augen.

„Okay", begann ich tapfer. „Raus mit der Sprache. Was haltet Ihr davon?"

Christian seufzte. „Mami, die Achtziger rufen. Sie wollen ihre Jeans zurückhaben."

Schon gut. Manchmal kann die Wahrheit ein wenig schmerzen. Was unser Verhältnis zu Jesus Christus betrifft, liegen die Dinge anders. Die Wahrheit, die er uns zuspricht über seine Liebe zu uns, kann tief greifende Heilung bewirken.

Ich denke an die Geschichte im Markusevangelium, wo eine Frau Jesus zu Füßen fällt, die ihm nicht erst ihre ganze Lebensgeschichte erzählen musste. Sie hatte ihn bereits berührt und war augenblicklich gesund geworden. Sie hätte sich eigentlich nur davonstehlen und sieben Tage warten und sich dann, verbunden mit einer Opfergabe, dem Priester vorstellen müssen. Anschließend wäre sie für rein erklärt und wieder in die Gesellschaft aufgenommen worden.

Aber als Jesus fragte: „Wer hat meine Kleider berührt?", da hat sie sich nicht verdrückt. Ungeachtet der Menschenmenge, des geschäftigen Tages und der Tatsache, dass womöglich noch andere Menschen Jesus berührt hatten, wusste die Frau, dass Jesus sie meinte. Das war der entscheidende Augenblick: Würde sie aus dem Spiel aussteigen – oder alles riskieren? Sie traf ihre Wahl, ging vor Jesus auf die Knie und erzählte ihm ihre Geschichte – die Wahrheit über ihre Krankheit, ihre Heilung, ihren Glauben an seine Göttlichkeit und Macht.

Haben Sie jemals so mit Jesus gesprochen? Haben Sie ihm je Ihre Geschichte erzählt, womöglich laut, ohne etwas auszulassen? Wenn wir es tun, kann die Antwort von oben unser

Leben verändern. So wie die sanfte und liebevolle Antwort, die Jesus der einst von Blutungen geplagten Frau gab, ihr Leben verändert hat: „Meine Tochter, dein Glaube hat dich gesund gemacht; geh hin in Frieden“ (Markus 5,34; L).

Es kann uns das Herz brechen, wenn wir mit der Wahrheit unserer eigenen Geschichte konfrontiert werden. Aber wenn wir diese Wahrheit Jesus erzählen, kann es heil werden.

Die tägliche Ration Bibel

Die Frau fürchtete sich und zitterte, denn sie wusste, was an ihr geschehen war; sie kam und fiel vor Jesus nieder und sagte ihm die ganze Wahrheit.

Markus 5,33 (L)

Herr, wer darf sich aufhalten in deinem Heiligtum, wer darf wohnen auf deinem heiligen Berg? Jeder, der aufrichtig seinen Weg geht, der Gerechtigkeit übt und von ganzem Herzen die Wahrheit sagt.

Psalm 15,1f (NG)

Dir gefällt ein Herz, das wahrhaftig ist; und im Verborgenen lehrst du mich deine Weisheit.

Psalm 51,8 (NL)

Gott ist Geist und alle, die ihn anbeten, müssen im Geist und in der Wahrheit anbeten.

Johannes 4,24 (EÜ)

Wollen Sie gesund werden?

Mein Flug war verspätet gelandet, und so war ich die Letzte, die in die Maschine für den Anschlussflug nach Hause einstieg. Ich war von Gate A4 zu Gate B15 gerannt und entsprechend außer Atem, als ich mich in den Sitz fallen ließ. Ich klickte den Gurt ein, und schon hoben wir ab. Die Dame auf dem Platz neben mir bot mir einen Kaugummi an, und bevor ich antworten konnte, brach sie in Gelächter aus.

„Ist meine Frisur so schrecklich?“, fragte ich.

„Das ist sie, aber ich lache nicht deshalb“, sagte sie. „Sehen sie, was ich gerade lese.“

Sie hielt mir ein Exemplar meines Buches *The Shelter of God's Promises* entgegen.

„Danke“, sagte ich. „Darf ich fragen, warum Sie zu diesem Buch gegriffen haben?“

„Weil ich feststecke“, sagte sie. „Und das schon seit Jahren.“

„Aha“, sagte ich. „Können Sie mir Ihre Geschichte in fünf Minuten zusammenfassen?“

„Es wird deutlich länger dauern“, sagte sie.

„Ich höre mir auch die lange Version an, aber bitte geben Sie mir erst die kurze.“

Meiner Erfahrung nach hilft diese Übung sehr dabei, die entscheidenden Momente eines Lebens herauszufinden. In der

Fünf-Minuten-Fassung redete diese liebe Frau einzig und allein über den Ehemann, der sie vor Jahren verlassen hatte. Der Schlag und das Gefühl des Verrats waren natürlich verheerend, aber was sie wirklich lähmte, war ihre Entscheidung, ihr ganzes Leben von diesem einen Ereignis her zu definieren.

Jesus ist vielen Menschen begegnet, die feststeckten. Der Mann, der 38 Jahre lang krank am Teich Betesda lag, ist so ein Beispiel. Und was hat Jesus ihm gesagt? Seine Frage mag ein wenig unsensibel erscheinen: „Willst du gesund werden?" (Johannes 5,6). Freilich ist die Frage so wichtig, dass das die Gefahr des Missverstandenwerdens überwiegt. Um gesund zu werden, um aus der Klemme freizukommen, müssen wir bereit sein, das loszulassen, was *war*, und das zu ergreifen, was *ist*.

Wenn ich Sie bitten würde, mir Ihre Geschichte in fünf Minuten zu erzählen, was würden Sie sagen? Was wären die wichtigsten Ereignisse, die Wendepunkte, die Tiefpunkte? Ich möchte Sie ermutigen: Nehmen Sie sich im Lauf des Tages ein paar Minuten und versuchen sie es mit dieser Übung. Wenn wir unsere Geschichte in fünf Minuten erzählen und dann überlegen, worauf wir den Schwerpunkt gelegt haben, dann können wir – mit Gottes Hilfe – aus der Klemme herausfinden.

Das Leben hält verheerende Momente parat, aber wir haben einen Heiland, der gekommen ist, um zu heilen und uns Hoffnung zu geben.

Jesus fragt: „Willst du gesund werden?"

Als Jesus ihn dort liegen sah und erkannte, dass er schon lange krank war, fragte er ihn: „Willst du gesund werden?"

Johannes 5,6 (EÜ)

Jesus sagte zu ihm: „Steh auf, nimm deine Matte und geh!"

Johannes 5,8 (NG)

Dann wird mein Licht eure Dunkelheit vertreiben wie die Morgensonne, und in kurzer Zeit sind eure Wunden geheilt. Eure barmherzigen Taten gehen vor euch her, meine Macht und Herrlichkeit beschließt euren Zug. Wenn ihr dann zu mir ruft, werde ich euch antworten. Wenn ihr um Hilfe schreit, werde ich sagen: „Ja, hier bin ich."

Jesaja 58,8f. (HfA)

Wegen unserer Schuld wurde er gequält und wegen unseres Ungehorsams geschlagen. Die Strafe für unsere Schuld traf ihn und wir sind gerettet. Er wurde verwundet und wir sind heil geworden.

Jesaja 53,5 (GN)

Die Frau, die an Blutungen litt, sagte sich: „Wenn ich auch nur sein Gewand berühre, werde ich gesund."

Matthäus 9,21 (NG)

Der Hirte wird Sie tragen

Als ich mit Christian zum ersten Mal die Verwandtschaft in Schottland besuchte, war er zwei Jahre alt. Auch wenn er glücklich war, so viele Leute kennenzulernen, interessierte er sich doch eindeutig mehr für die Schafe.

Schottland ist ein Land der Schafe. Wenn Sie die Westküste entlangfahren, werden Sie ein Feld nach dem anderen passieren, auf dem weiße Schafe weiden. Ich war immer fasziniert von Schafen, zumal in der ganzen Bibel das Bild von Jesus Christus als dem Guten Hirten aufscheint. Ich habe viel gelernt über die Fürsorge von Jesus für seine Herde, indem ich Schafe beobachtet habe, besonders die Flaschenlämmer; das sind Jungtiere, die von ihren Müttern, den sogenannten Auen, abgelehnt worden sind. Dafür kann es verschiedene Gründe geben.

Wenn eine Aue zum Beispiel Drillinge geboren hat und die Milch nur für zwei Lämmer ausreicht, wird sie das dritte ablehnen. Auch wenn eine Aue alt oder krank ist, kann sie ihr Lamm ablehnen. Um das Leben eines solchen abgelehnten Lammes zu retten, muss der Schafhirte das Lamm zu sich nach Hause nehmen und es mit der Flasche aufziehen. Er wird das Lamm an seiner Brust bergen, damit es nicht auskühlt und seinen Herzschlag hören kann. Ist das Lamm einmal kräftig genug, dann bringt der Hirte es wieder zur Herde. Und wenn der Hirte am Morgen oder am Abend die Schafe ruft, werden es die einstigen Flaschenlämmer besonders eilig haben, zu ihm zu kommen, denn sie sind mit seiner Stimme vertraut.

Als mein Leben in Stücke brach und ich wegen Depressionen in der Klinik war, dachte ich, das sei das Ende. Ich konnte mir nicht vorstellen, dass aus diesem Zerbrechen irgendetwas Gutes entstehen könnte. Aber Jesus ist uns dann besonders nah, wenn wir am Boden sind, und er trägt uns, solange wir ihn brauchen. Es ist nicht so, dass er uns mehr lieben würde als die Schafe, die kräftiger sind. Aber er lässt uns seine Liebe auf unvergessliche und sehr persönliche Weise spüren und vergewissert uns so seiner großen Liebe. Jesus hat mich, ein Flaschenlamm, gerettet und mich umsorgt, bis ich wieder kräftig und gesund war. Seither habe ich die unumstößliche Gewissheit, dass er mich unbeschreiblich liebt.

Wenn Sie sich verloren und zerbrochen fühlen, erlauben Sie dem Guten Hirten, Sie zu tragen. Gesellen Sie sich zu den zahllosen Flaschenlämmern, wie ich eines bin, die gelernt haben, die lebenspendende Stimme des Hirten zu erkennen.

Wenn wir verloren oder am Boden sind,
können wir Gottes Liebe in besonderer Weise erfahren.

Die tägliche Ration Bibel

„Ich bin der gute Hirte. Der gute Hirte opfert sein Leben für die Schafe."

Johannes 10,11 (NL)

Der Hirte ruft die Schafe, die ihm gehören, einzeln beim Namen und führt sie hinaus. Wenn er alle seine Schafe hinausgetrieben hat, geht er ihnen voraus, und die Schafe folgen ihm; denn sie kennen seine Stimme.

Johannes 10,3f. (EÜ)

Ich bin der gute Hirte; ich kenne meine Schafe und sie kennen mich, so wie mein Vater mich kennt und ich den Vater. Ich gebe mein Leben für die Schafe.

Johannes 10,14f. (NL)

Nahe ist der Herr denen, die ein gebrochenes Herz haben. Er rettet alle, die ohne Hoffnung sind.

Psalm 34,19 (NG)

Er heilt, die zerbrochenen Herzens sind, und verbindet ihre Wunden.

Psalm 147,3 (L)

Es ist vollbracht

Jedes Wort, das Jesus gesagt hat, war bedeutungsvoll, und am aussagekräftigsten von allen ist vielleicht sein letzter Ausruf am Kreuz: „Es ist vollbracht!" (Johannes 19,30). Wenn wir mehr über den jüdischen Glauben zur Zeit Jesu wissen, dann wird uns erst verständlich, wie bedeutsam gerade dieser Satz war und wie atemberaubend die Ereignisse rund um seinen Tod waren.

Zum Beispiel muss man sich klarmachen, dass just zu der Zeit, als Jesus diese erschütternden Worte ausrief, die Passalämmer im Tempel geschlachtet wurden, keinen Kilometer vom Galgenberg entfernt. Den alttestamentlichen Opfervorschriften zufolge wurde das Blut von Lämmern am Passafest vergossen; das war das Opfer gläubiger Juden zur Sühne für ihre Sünden. An diesem bewussten Passafest wurde dieser althergebrachte Brauch abgelöst durch das Opfer, das Jesus ein für alle Mal mit seinem Tod gebracht hat. Das vergossene Blut des perfekten, makellosen Lammes Gottes ist die Sühne für die Sünden der gesamten Menschheit, vom Anfang der Geschichte bis in alle Ewigkeit.

Dem Evangelist Matthäus zufolge zerriss, als Jesus diese Worte ausrief, der Vorhang im Tempel von oben bis unten in zwei Teile. Das Allerheiligste war nicht länger vom Rest des Heiligtums getrennt. Kein Mensch hätte diesen Vorhang zerreißen können – er war der Überlieferung zufolge achtzehn Meter hoch und zehn Zentimeter dick! Dieser Vorhang hatte als „Zutritt verboten!"-Zeichen gedient vor dem Ort, den der Hohepriester nur einmal am Jahr, am Versöhnungstag, betrat, um das Sühneopfer für die Sünden des Volkes darzubringen. Als Jesus ausrief „Es ist vollbracht", da wurde der Vorhang, der den heiligen Gott von sündigen Männern und Frauen trennte, entfernt – für immer!

Können Sie sich vorstellen, was das für die Priester bedeutet haben muss, die damals am Tempel Dienst hatten? Ihnen muss bewusst gewesen sein, dass nur einer dazu in der Lage war – Gott selbst.

Als Jesus „*Es* ist vollbracht" sagte, erklärte er damit den Auftrag, zu dem ihn Gott gesandt hatte, für ausgeführt: Er starb für die sündige Menschheit. Weil Jesus starb und wieder auferstanden ist, sind unsere Sünden vergeben, und wir sind reingewaschen. So können wir stets, wenn der Feind Gottes uns Schuldgefühle oder Zweifel an der Vergebung einreden will, kontern mit den Worten, die unser Erlöser gesagt hat: „Es ist vollbracht!"

Unsere Sünden sind ein für alle Mal vergeben.
Es ist vollbracht!

Nachdem [Jesus] ein wenig von dem Essig genommen hatte, sagte er: „Es ist vollbracht.“ Dann neigte er den Kopf und starb.

Johannes 19,30 (NG)

Jesus schrie noch einmal laut auf und starb. Da zerriss der Vorhang vor dem Allerheiligsten im Tempel von oben bis unten.

Matthäus 27,50f. (GN)

Kommt her, wir wollen sehen, wer von uns Recht hat, spricht der Herr. Wären eure Sünden auch rot wie Scharlach, sie sollen weiß werden wie Schnee. Wären sie rot wie Purpur, sie sollen weiß werden wie Wolle.

Jesaja 1,18 (EÜ)

Der Ankläger ist endgültig gestürzt, der unsere Brüder und Schwestern Tag und Nacht vor Gott beschuldigte. Sie haben ihn besiegt durch das Blut des Lammes und weil sie sich zu Gott bekannt haben.

Offenbarung 12,10f. (HfA)

Als Johannes am nächsten Tag Jesus auf sich zukommen sah, sagte er: „Seht dort das Opferlamm Gottes, das die Schuld der ganzen Welt wegnimmt.“

Johannes 1,29 (GN)

Die göttliche Familie

Vor ein paar Jahren fuhren mein Sohn Christian und ich zu einer Züchterin, um einen Yorkshireterrier-Welpen zu kaufen. Wir hatten uns ihre Website angesehen, und die Welpen und ihre Eltern waren uns als bewundernswerte schwarzbraune Energiebündel erschienen. Als wir in den langen Kiesweg zum Haus einbogen, liefen uns Hunde aller Rassen, Größen und Formen – plus zwei Pfauen, fünf Ziegen und ein Hahn – entgegen, um uns zu begrüßen.

Wir klopften an der Haustür, und Wanda, die Züchterin, eskortierte uns in ein kleines Zimmer neben der Küche. „Warten Sie hier", sagte sie, „ich hole die Welpen." Schon bald balgten wir auf dem Fußboden mit sieben winzigen, fröhlich kläffenden Bündeln. Nachdem sich Christian einen der Welpen ausgesucht hatte, fuhren wir wieder heim mit der zwölf Wochen alten, vier Pfund schweren Maggie in ihrem Transportbehälter.

Nun, sie wuchs und wuchs – und auch heute noch scheint sie entschlossen weiterzuwachsen. Ich fragte unsere Tierärztin, was sie von der Rassereinheit unseres rapide wachsenden Yorkshireterriers hielt, und sie meinte: „Ihre Mutter war bestimmt ein Yorkie, aber da hat sich noch jemand anderes eingemischt." Egal, was für einer Rasse Maggie angehört, sie ist Teil unserer Familie, und wir lieben sie.

Ich bete leidenschaftlich darum, dass wir dasselbe in der Kirche sagen können und wollen über jede und jeden in der Familie Gottes. Ich glaube, dass wir vor einer wahren Erweckung stehen. Viele Menschen, die uns dann begegnen, werden nicht wie typische Kirchgänger daherkommen. Als der Apostel Paulus an die christliche Gemeinde in Rom schrieb, hat er direkt auf die religiösen und sozialen Stereotype seiner Zeit angespielt. Einige der reichsten Leute der Gesellschaft waren Christen geworden – zusammen mit ihren Sklaven. Viele Juden hatten ihren Glauben in Jesus Christus erfüllt gesehen, aber nun hatten sie Mühe damit, Nichtjuden in ein und derselben geistlichen Familie willkommen zu heißen. Paulus appellierte leidenschaftlich an all diese Christen, dass sie sich in Jesus Christus als eine Familie begreifen sollten.

Ich fürchte, wir waren allzu lange zufrieden damit, dass wir in der Gemeinde hauptsächlich mit Leuten zu tun hatten, die die gleiche geistliche Blutgruppe haben wie wir. In Wirklichkeit ist der Platz am Fuß des Kreuzes eben und breit. Jeder Mensch, dem wir heute begegnen, hat mit uns zwei Dinge gemeinsam: Wir alle sind Ebenbilder Gottes, und wir alle brauchen Jesus.

Werden Sie mit mir zusammen darum beten, dass wir andere durch die Augen von Jesus ansehen, dass wir sie lieben und willkommen heißen, so wie er ja auch uns begegnet ist?

Jesus Christus kommt wieder für eine – seine – Braut: seine Gemeinde.

Die tägliche Ration Bibel

Der menschliche Körper hat viele Glieder und Organe, doch nur gemeinsam machen die vielen Teile den einen Körper aus. So ist es auch bei Christus und seinem Leib. Einige von uns sind Juden, andere Nichtjuden; einige sind Sklaven, andere frei. Aber wir haben alle denselben Geist empfangen und gehören durch die Taufe zum Leib Christi.

1. Korinther 12,12f. (NL)

Wenn wir im Licht leben, so wie Gott im Licht ist, sind wir miteinander verbunden, und das Blut Jesu, seines Sohnes, reinigt uns von aller Sünde.

1. Johannes 1,6f. (NG)

Solange wir noch Gelegenheit dazu haben, wollen wir allen Menschen Gutes tun, ganz besonders denen, die wie wir durch den Glauben zur Familie Gottes gehören.

Galater 6,10 (NG)

So sind wir, die vielen, ein Leib in Christus, als einzelne aber sind wir Glieder, die zueinander gehören.

Römer 12,5 (EÜ)

Gott hat uns besucht

Als ich noch ein Kind war, hat mir eine entfernte Tante jedes Jahr zu Weihnachten eine Mütze gestrickt. Ich versuchte dankbar zu sein, aber es waren ziemlich gruselige Kreationen. Die hässlichste war lila und gelb und mit großen Schleifen verziert. (Ich war überzeugt, wenn ein Vogel tief genug über meinen Kopf flöge, dann könnte er mich sonst wo hin entführen.) Was es mir noch mehr erschwerte, diese Geschenke dankbar anzunehmen, war die Tatsache, dass dieselbe Tante meinem Bruder stets das gerade angesagte Spielzeug kaufte. Als ich meine Mutter auf diese krasse Ungerechtigkeit ansprach, sagte sie: „Ihre Geschenke verraten eine Menge, Sheila. Sie wendet viel Zeit auf, um diese Mützen zu stricken.“ Mama hatte sicher recht damit, dass Geschenke viel verraten, und dabei will ich es belassen.

Die Geschenke der Weisen aus dem Morgenland für Jesus verraten ebenfalls eine Menge. Myrrhe wurde damals zum Einbalsamieren verwendet, das wies bereits auf den Tod hin, den Jesus sterben würde – uns zugute, als Sühne für unsere Sünden. Das Gold war so kostbar, dass manche Ausleger der Meinung sind, Josef hätte es benutzt, um die Kosten der Flucht nach Ägypten zu begleichen, mit der er dem Befehl des Engels folgte und das Kind vor Herodes in Sicherheit brachte. Der hatte ja die Tötung aller kleinen Jungen in Bethlehem angeordnet.

Aber am bemerkenswertesten finde ich den Weihrauch. Er wird erstmals im 2. Buch Mose erwähnt, wo Gott die Anweisungen für den Bau des Heiligtums gibt, in dem er sich seinem Volk offenbaren will. In 2. Mose 30,22-39 wird detailliert beschrieben, wie das Räucherwerk für den Gottesdienst zubereitet werden soll: „Diese Weihrauchmischung ist besonders heilig. Ich habe sie allein für mich, den Herrn, bestimmt, und deshalb soll sie auch euch heilig sein. Darum dürft ihr keine solche Weihrauchmischung für euch selbst zusammenstellen. Wer es doch tut, um sich an dem Duft zu erfreuen, soll aus meinem Volk ausgestoßen werden" (2. Mose 30,37f.).

Dieser Weihrauch sollte vor der Bundeslade verbrannt werden, wo der Hohepriester in Kontakt mit Gott trat. Offensichtlich symbolisiert der Weihrauch die Gegenwart Gottes in seinem Volk. Und woraus genau bestand dieses Räucherwerk? Gottes Anweisung zufolge sollte Mose dazu „wohlriechendes Harz, Galbanum, reinen Weihrauch und würzige Räucherklaue" (V. 34) vermischen.

Als die Weisen ihre Geschenke vor dem neugeborenen Jesus ausbreiteten, war die Botschaft klar erkennbar: Gott hat uns besucht!

Gerade jetzt bietet Gott Ihnen
das Geschenk seiner Gegenwart an.

Die tägliche Ration Bibel

Als die Weisen den Stern sahen, waren sie überglücklich. Sie gingen in das Haus und fanden dort das Kind und seine Mutter Maria. Da warfen sie sich vor ihm nieder und erwiesen ihm Ehre. Dann holten sie die Schätze hervor, die sie mitgebracht hatten, und gaben sie ihm: Gold, Weihrauch und Myrrhe.

Matthäus 2,10f. (NG)

Denn uns wurde ein Kind geboren, uns wurde ein Sohn geschenkt. Auf seinen Schultern ruht die Herrschaft. Er heißt: wunderbarer Ratgeber, starker Gott, ewiger Vater, Friedensfürst.

Jesaja 9,5 (NL)

Der Engel sagte: „Habt keine Angst, denn was ich euch zu sagen habe, wird euch mit großer Freude erfüllen und gilt dem ganzen Volk. In der Stadt Davids ist heute einer geboren worden, der euer Retter sein wird: Christus, der Herr."

Lukas 2,10f. (NTF)

Das Volk, das im Dunkeln lebt, sieht ein großes Licht; für alle, die im Land der Finsternis wohnen, leuchtet ein Licht auf.

Jesaja 9,1 (GN)

Siehe, eine Jungfrau wird schwanger sein und einen Sohn gebären, und sie werden ihm den Namen „Immanuel" geben, das heißt übersetzt: „Gott mit uns."

Matthäus 1,23 (L)

Schutz bei Versuchungen

Es war eine der eindrücklichsten Begebenheiten im Leben von Jesus, und es ereignete sich unmittelbar, bevor sein öffentliches Wirken begann.

Nachdem Jesus durch Johannes getauft worden war, führte ihn der Heilige Geist für vierzig Tage in die Wüste, wo er vom Teufel versucht wurde, zwar genau das zu tun, was Gott von ihm erwartete – aber auf andere Art und Weise, als Gott es von ihm erwartete. Interessanterweise haben wir nur Kenntnis von diesen Ereignissen, weil Jesus seinen engsten Freunden davon berichtet haben muss. Und es war Jesus offenbar wichtig, seine Erfahrungen mit den Jüngern zu teilen, um auf ein wichtiges Muster hinzuweisen.

Im Gegensatz zu uns stand und steht Jesus eine gewaltige Macht zur Verfügung. Und es ging um Macht, als Satan ihn in Versuchung führte, einen Stein in Brot zu verwandeln oder sich von einem Kirchturm zu stürzen. Wir haben Grenzen – doch Jesus wusste, dass er Steine in Brot verwandeln und damit rechnen kann, dass Engel seinen Sturz bremsen. Doch er hat sich nicht blenden lassen und er ist – mit einem besonderen Schutz – seinen Weg gegangen, den Weg des Kreuzes … und später der Auferstehung.

Die Versuchungen, denen Jesus ausgesetzt war, fallen in drei Kategorien:

Sorge für dich selbst. Materielle Dinge machen glücklich!

Entscheide dich für die Macht ohne Kreuz. Ein kleiner Kompromiss kann dir so viel Schmerzen ersparen!

Erweise dich als der Messias. Wenn du das tust, wirst du augenblicklich viele loyale Anhänger haben!

Jesus war derart aggressiven Einflüsterungen vierzig Tage lang ausgesetzt. Seine Versuchungen waren sehr viel intensiver als die, mit denen Sie und ich jemals rechnen müssen, und der Einsatz war ungleich höher. Wäre Jesus schwach geworden und der Versuchung erlegen, wir wären alle verloren in unseren Sünden. Denn Jesus wäre nicht länger das sündlose Lamm Gottes gewesen. Aber selbst in seiner körperlichen Schwäche hielt Jesus dem Feind Gottes stand. Wie konnte er das? Der Evangelist Lukas weist uns auf eine Quelle seiner Stärke hin: Jesus hat jede neue Versuchung mit Zitaten direkt aus dem Wort Gottes pariert. Der Sohn Gottes nutzt das Wort Gottes gegen den Feind Gottes. Und warum sollten einfache Menschen es anders machen?

Der Apostel Paulus beschreibt in seinem Brief an die Gläubigen in Ephesus die geistliche Waffenrüstung, die ihnen zur Verfügung stand. Jeder Teil dieser Ausrüstung dient der Verteidigung – mit einer Ausnahme, und das ist das Wort Gottes. Paulus wies die Gläubigen an: „Greift zu dem Schwert, das der Heilige Geist euch gibt; dieses Schwert ist das Wort Gottes" (Epheser 6,17; NG).

Wir alle sind Versuchungen ausgesetzt und der Kampf um unsere Loyalität und um unsere Seelen kann heftiger werden. Aber Gott hat uns mit allem ausgestattet, was wir zum Schutz brauchen – mit der kraftvollen Wahrheit der Heiligen Schrift!

Wir können uns wie der Sohn Gottes verlassen auf das Wort Gottes und so dem Feind Gottes standhalten.

Die tägliche Ration Bibel

Der Teufel sagte zu Jesus: „Wenn du der Sohn Gottes bist, verwandle doch diesen Stein in Brot." Aber Jesus erwiderte: „Nein! In der Schrift steht: ‚Der Mensch braucht mehr als nur Brot zum Leben.'"

Lukas 4,3f. (NL)

Ein Loblied auf Gott erklingt aus ihrem Mund, und ein zweischneidiges Schwert halten sie in der Hand.

Psalm 149,6 (NG)

Gottes Wort ist lebendig und voller Kraft. Das schärfste beidseitig geschliffene Schwert ist nicht so scharf wie dieses Wort, das Seele und Geist und Mark und Bein durchdringt und sich als Richter unserer geheimsten Wünsche und Gedanken erweist.

Hebräer 4,12 (NG)

Alles, was in der Schrift steht, ist von Gottes Geist eingegeben, und dementsprechend groß ist auch der Nutzen der Schrift: Sie unterrichtet in der Wahrheit, deckt Schuld auf, bringt auf den richtigen Weg und erzieht zu einem Leben nach Gottes Willen. So ist also der, der Gott gehört und ihm dient, mit Hilfe der Schrift allen Anforderungen gewachsen; er ist durch sie dafür ausgerüstet, alles zu tun, was gut und richtig ist.

2. Timotheus 3,16f. (NG)

Wenn Regen oder Schnee vom Himmel fällt, kehrt er nicht wieder dorthin zurück, ohne dass er etwas bewirkt: Er durchfeuchtet die Erde und macht sie fruchtbar, sodass sie Korn für das tägliche Brot hervorbringt und Saatgut für eine neue Ernte. Genauso ist es mit dem Wort, das ich spreche: Es kehrt nicht unverrichteter Dinge zu mir zurück, sondern bewirkt, was ich will, und führt aus, was ich ihm auftrage.

Jesaja 55,10f. (GN)

Am Leben und siegreich

„Mit welcher Person, gleich ob aus der Gegenwart oder aus der Vergangenheit, würdest du dich gern mal auf einen Kaffee treffen, und warum?“

Die Frage kam von einer Gruppe von Damen, die mich als Rednerin zu einer Konferenz einige Monate später eingeladen hatten. Sie fanden es wohl spaßig, zum Auftakt des Programms ein paar meiner persönlichen Vorlieben abzufragen. Die ersten Fragen waren einfach. Schokolade oder Chips? *Schokolade!* Mein liebster Animationsfilm? *Findet Nemo!* Aber über diese dritte Frage musste ich etwas länger nachdenken, und schließlich entschied ich mich für Maria Magdalena. Sie wusste Bescheid über die Macht und Realität des Bösen, umso größer und tief greifender muss ihre Freude gewesen sein über den Sieg Jesu Christi über Sünde, Leid und Tod. Es wäre eine Ehre für mich, ihrem Vorbild des Glaubens, der Liebe und der Anbetung näherzukommen.

Den Evangelisten zufolge war Maria Magdalena von sieben Dämonen besessen (Markus 16,9; Lukas 8,2), und in der Bibel steht die Zahl sieben immer für Vollständigkeit. Offensichtlich war diese arme Frau vollständig besessen vom Bösen bis zu dem Tag, als sie Jesus Christus begegnete und er sie befreite.

Dann wurde sie Zeugin, wie ihr Herr und Erlöser leiden musste – wie er zerschlagen und blutend das Kreuz einen Hügel hinaufschleppte, wo er brutal hingerichtet wurde. Sie sah, wie das Blut und damit das Leben aus ihm heraustropfte auf die Erde, die er doch selbst erst durch sein Wort ins Dasein gebracht hatte. Nachdem Jesus seinen letzten Atemzug getan hatte, folgte Maria Nikodemus und Josef von Arimatäa, die den Leichnam zu einem Gartengrab brachten.

Am ersten Tag der neuen Woche ging sie erneut in aller Frühe zum Grab – und fand den Stein, der das Grab verschlossen hatte, weggerollt und das Grab leer. Sie rannte zu Petrus und Johannes zurück und informierte sie, dass der Leichnam von Jesus verschwunden sei. Die beiden gingen hin und vergewisserten sich: Das Grab war tatsächlich leer! Nachdem Petrus und Johannes gegangen waren, schaute Maria ein zweites Mal ins Grab hinein und sah zwei Engel. Sie fragten sie: „Warum weinst du, liebe Frau?" (Johannes 20,13)

Im Licht all dessen, was an den zwei Tagen zuvor geschehen war – eigentlich auch schon eine längere Zeit ihres Lebens hindurch – mag diese Frage kurios erscheinen. Maria hätte eine lange Liste von Gründen nennen können, warum ihr zum Weinen zumute war. Und wenn der Leichnam Jesu an jenem Ostermorgen immer noch dagelegen hätte, dann hätten wir allesamt Grund zum Trauern. Aber Jesus *war nicht* dort! Er war – und ist – am Leben!

Viele Menschen haben dem Vorbild großer Führergestalten nachgeeifert, aber nur die, die sich Jesus Christus verschrieben haben, dienen einem lebendigen, siegreichen Erlöser. Er hat die Sünde und den Tod besiegt, und wir, die wir ihn Heiland und Herr nennen, werden dasselbe tun. Wie Maria haben wir nun keinen Grund mehr zum Weinen, aber allen Grund zu jubeln. Ganz gleich, welchen Herausforderungen Sie gegenüberstehen, denken Sie immer an das leere Grab. Jesus lebt, und deshalb können wir am Ende alles überwinden!

Unser Herr liegt nicht im Grab – er lebt!

Die tägliche Ration Bibel

Ich habe euch das alles gesagt, damit ihr in mir Frieden habt. In der Welt werdet ihr hart bedrängt. Doch ihr braucht euch nicht zu fürchten: Ich habe die Welt besiegt.

Johannes 16,33 (NG)

Das Licht leuchtet in der Finsternis, und die Finsternis hat es nicht auslöschen können.

Johannes 1,5 (NG)

Er ist nicht hier; er ist auferstanden, wie er es vorausgesagt hat. Kommt her und seht euch die Stelle an, wo er gelegen hat.

Matthäus 28,6 (NG)

In den vierzig Tagen nach seiner Kreuzigung erschien [Jesus] den Aposteln immer wieder und bewies ihnen auf vielfältige Weise, dass er wirklich lebt. Und er sprach mit ihnen über das Reich Gottes.

Apostelgeschichte 1,3 (NL)

Die Bibelzitate wurden folgenden Übersetzungen entnommen:

Einheitsübersetzung (EÜ)
Gute Nachricht (GN)
Hoffnung für alle (HfA)
Luther 1984 (L)
Neue Genfer Übersetzung (NG)
Neues Leben – die Bibel (NL)
Das Neue Testament und frühchristliche Schriften (NTF)
Schlachter 2000 (S)

Sheila Walsh

Hinter dem Lächeln die Tränen

Eine wahre Geschichte

320 Seiten
Taschenbuch
ISBN 978-3-7655-3852-0

Außen lächeln – innen weinen?
Außen starke Frau – innen verwundet?

Jahrelang wirkt sie als „christliche Strahlefrau“, privat und in der Öffentlichkeit. Was kaum einer sieht, sind die Tränen hinter dem Lächeln, die Unsicherheit der selbstbewusst wirkenden Frau. Sheila Walsh geht es wie vielen anderen: Das Leben hat ihr Wunden geschlagen, vor allem durch Verletzungen in der Kindheit.

Inzwischen weiß sie: Ihre Selbstzweifel, Komplexe und manchmal unverständlichen Abwehrreaktionen kamen daher. Auch ihre Einsamkeitsgefühle, die Leere und Depressionen. Heute ist ihr verletztes Herz heil geworden. Und Sheila eine beherzte, entspannte Frau. Sie sagt aus Erfahrung:

„Es gibt Hoffnung für jedes verwundete Herz!

Es gibt einen Ort, wo man sein kann, wie man ist: alles andere als perfekt und ‚trotzdem‘ vollkommen geliebt.“

BRUNNEN VERLAG GIESSEN
www.brunnen-verlag.de

Marie Chapian

Du bist eine Königstochter

Liebesbriefe von deinem Gott

192 Seiten
Taschenbuch
ISBN 978-3-7655-4326-5

Ruhige Momente finden
mit Gott, mit sich selbst ... und auftanken:

bei der ersten oder zweiten Tasse Morgenkaffee,
vor dem Schlafengehen oder am Lieblingspausenplatz.
Diese Schatzkiste mit Liebesbriefen Gottes
erinnert Sie daran, wer Sie sind:

eine geliebte Tochter Gottes,
des Herrn über Himmel und Erde –
Sie sind eine Königstochter!

„Gott hat durch Marie Chapians Texte zu mir gesprochen. So intensiv ... – Gänsehaut! So viel Liebe in diesem kleinen Buch, Gottes Liebe. Und Schönheit. Geheimnisvolles. Alles, was man braucht für einen schwierig-schönen Alltag!“

Y.P., Leserin